Swyn Sir Benfro

Swyn Sir Benfro

24 o deithiau hudol

Alun Ifans

yl olfa

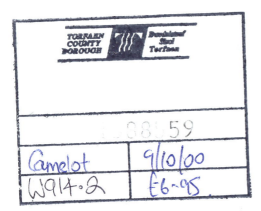
Argraffiad cyntaf: 2000

Llun y clawr: Bwrdd Croeso Cymru
Cynllun y clawr: Ceri Jones
Lluniau: Stuart Ladd
Diolch hefyd i Brian Jones a David Barlow

Rhif Llyfr Rhyngwladol: 086243 450 5

Argraffwyd a chyhoeddwyd yng Nghymru gan
Y Lolfa Cyf., Talybont, Ceredigion SY24 5AP
e-bost ylolfa@ylolfa.com
y we www.ylolfa.com
ffôn (01970) 832 304
ffacs 832 782
isdn 832 813

Cynnwys

Rhagair

Ers i mi symud i fyw i'r ardal yn 1970 gofynnwyd i mi dros y blynyddoedd gan nifer o gymdeithasau megis Merched y Wawr, Sefydliad y Merched, ysgolion, dosbarthiadau nos, aelwydydd, grwpiau o Americanwyr, CYD ac unigolion eraill i'w harwain ar deithiau cerdded o gwmpas Sir Benfro. Dewis personol o lefydd diddorol i ymweld â nhw sydd yma. Nid yw hi'n bosibl crybwyll pob dim a phob peth am y sir, ac efallai y byddai rhywun arall yn mynd i lefydd gwahanol ac yn gwerthfawrogi llwybrau ac ardaloedd eraill. Ond, pa bynnag deithiau sy'n cymryd eich blas, cofiwch y bydd angen i chi ddefnyddio map Ordnans bob amser, a gwisgo dillad addas wrth gerdded mynyddoedd hudolus y sir.

Mae hi'n sir fendigedig gyda llawer o bethau diddorol i'w gweld – cromlechi, eglwysi, gwlad hyfryd, llwybr yr arfordir, ynysoedd, afonydd, a mynyddoedd y Preseli. Gobeithio y cewch chi flas a theimlo'r un wefr a minnau wrth ymweld â'r llefydd yma yn Sir Benfro.

Alun Ifans
Mai 2000

Y Teithiau

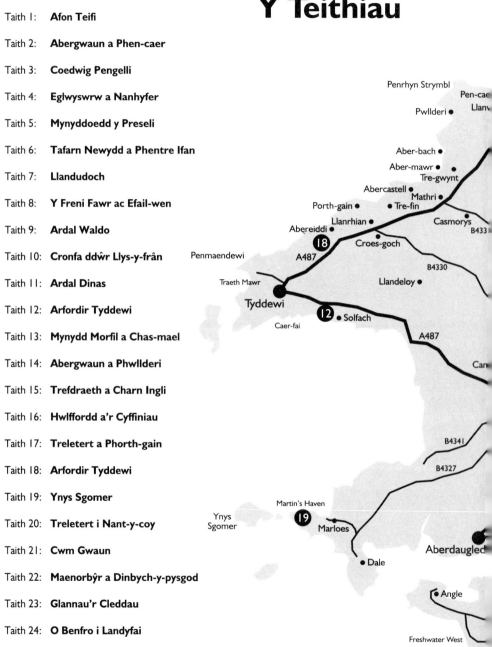

Nodir man cychwyn pob taith ar y map

8

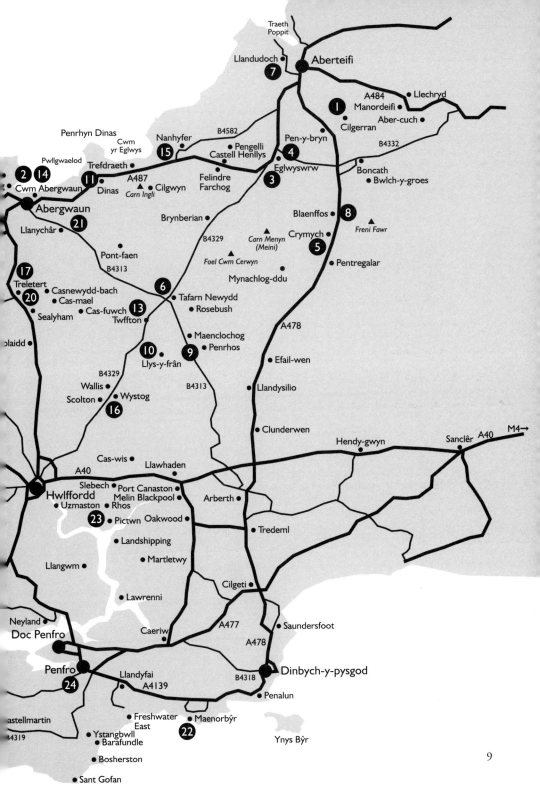

Traeth
Poppit

Llandudoch

Aberteifi

(7)

(1) A484 · Llechryd
Manordeifi
· Aber-cuch
Cilgerran

Penrhyn Dinas
Cwm
yr Eglwys
Nanhyfer

Pwllgwaelod

Trefdraeth ·

(2) (14)
Cwm Abergwaun

Abergwaun

(21)

Llanychâr ·

B4582

Pengelli
Castell Henllys

Pen-y-bryn

(4)

B4332

Eglwyswrw

Boncath
· Bwlch-y-groes

(15)

Felindre
Farchog

(3)

A487   · Cilgwyn
Dinas ▲
Carn Ingli

Brynberian ·

Blaenffos ·   (8)

Crymych

(5)

Freni Fawr ▲

B4329

Carn Menyn
(Meini) ▲

· Pentregalar

Pont-faen ·
B4313

▲
Foel Cwm Cerwyn

(6)

Mynachlog-ddu ·

(17)
Treletert

(20)

· Casnewydd-bach
· Cas-mael

Sealyham ·

· Cas-fuwch
(13)
Twffton

· Tafarn Newydd
· Rosebush

A478

· Maenclochog

· Penrhos

· Efail-wen

olaidd ·

(10)
Llys-y-frân

(9)

B4329
Wallis ·

Scolton ·   · Wystog
(16)

B4313

· Llandysilio

· Clunderwen

Hendy-gwyn

Sanclêr A40   M4 →

Cas-wis ·
A40   · Llawhaden

Hwlffordd

Slebech · · Port Canaston
Melin Blackpool ·
· Uzmaston · Rhos
(23) · Pictwn Oakwood

· Landshipping

· Martletwy

Llangwm ·

· Lawrenni

Arberth ·

· Tredeml

Cilgeti ·

Neyland ·

Doc Penfro

Caeriw ·

A477   · Saundersfoot

A478

Penfro

(24)

Llandyfai ·
A4139

B4318

Dinbych-y-pysgod

astellmartin

4319

· Freshwater
East

· Ystangbwll
· Barafundle

· Maenorbŷr
(22)

· Penalun

Ynys Bŷr

· Bosherston

· Sant Gofan

9

Taith 1: **Afon Teifi**

Taith: **Cilgerran, Manordeifi, Cwm-cuch, Bwlch-y-groes, Crymych**

Man cychwyn: **Cilgerran**
Map OS: **rhif 145 Aberteifi**
Cyfeirnod map: **196 430**

Dechreuwch wrth gastell Cilgerran. O holl gestyll Cymru, mae castell Cilgerran wedi cael un o'r lleoliadau harddaf, ar graig mewn cwm coediog gydag afon Teifi yn ymdroelli oddi tano. Mae'r castell yn denu llawer o ymwelwyr bob blwyddyn, a denodd yn y gorffennol artistiaid fel Richard Wilson, Peter de Wint a Turner, a drosglwyddodd y golygfeydd ar gynfas. Mae llun Richard

Castell Cilgerran

Wilson o'r castell ymysg trysorau Amgueddfa Genedlaethol Cymru yng Nghaerdydd, ac mae llun Turner yn oriel y Tate yn Llundain.

Castell Cilgerran

Adeiladwyd y castell gyntaf yno tua'r flwyddyn 1093. Mae hanes Owain ap Cadwgan yn ymosod a llosgi'r castell yn un cyffrous iawn. Roedd Owain wedi syrthio mewn cariad â Nest, gwraig brydferth Gerald o Windsor a merch Rhys ap Tewdwr. Gerald oedd prif arweinydd y Normaniaid yn Nyfed, a chafodd Nest bum plentyn ganddo, yn cynnwys Angharad, mam Gerallt Gymro. (Cafodd blant hefyd gan dri Norman arall heblaw ei gŵr, gan gynnwys y Brenin Harri I.)

Wedi i Owain ymosod a llosgi castell Cilgerran, rhedodd Nest a'i phlant i ffwrdd gydag ef. Arweiniodd y weithred hon, a oedd yn her i'r brenin yn ogystal ag i Gerald o Windsor, at ymosodiad Normanaidd ar Geredigion, a bu'n rhaid i Owain ffoi i Iwerddon. Talodd Owain am ei ryfyg â'i fywyd ymhen ychydig flynyddoedd. Ailadeiladwyd y castell yn 1223 ac ychwanegwyd dau dŵr crwn o lechen leol.

Mae afon Teifi'n enwog am ei physgod braf – y brithyll, y siwin a'r eog. Roedd pobl yn pysgota mewn cyryglau filoedd o flynyddoedd yn ôl, ac maen nhw'n dal i bysgota o'r un math o gychod yng Nghilgerran, Aber-cuch a Chenarth ar yr afon Teifi heddiw. Arferid gwneud y cwrwgl allan o groen buwch, ond erbyn hyn maent yn defnyddio cynfas a thar, a hyd yn oed wydr ffeibr.

O'r castell ewch hanner ffordd i fyny drwy bentref Cilgerran a throi ar y chwith wrth y siop General Stores, a mynd lawr y rhiw serth i'r maes parcio o dan y castell ar lan yr afon. Yn y maes parcio mae arddangosfa o hanes y cwrwgl a physgota ar yr afon Teifi. Mae'r llwybr ar y dde yn arwain am bont Llechryd. Gwelir llawer o goed deri ac ynn ac adfeilion chwareli llechi ar hyd y llwybr. Pwy feddyliai fod chwe chwarel lechi o dan y llystyfiant trwchus sy'n gorchuddio glannau'r afon. Roedd y chwareli'n cyflogi rhagor na chant o bobl ar ddiwedd y

Eglwys Manordeifi

ganrif ddiwethaf. Y gwastraff o'r chwareli hyn a achosodd i sianel yr afon gulhau o 100 troedfedd i wyth troedfedd ar hugain rhwng 1800 ac 1873, gan arwain at lifogydd difrifol yn Llechryd. Wedi hyn, adeiladwyd llinell dram i gludo'r gwastraff i'r corsydd ger pont Aberteifi. Roedd modd i longau groesi argae Cilgerran – ond roedd angen deg derwen llawn-dwf i drwsio'r argae bob blwyddyn.

Mae'r llwybr ar hyd glannau'r Teifi yn gorffen ar y groesffordd wrth ymyl gwesty Castell Maelgwyn a phont Llechryd. Croeswch y ffordd, ac ewch yn syth ymlaen a cherdded am tua milltir tuag at hen eglwys Manordeifi, un o eglwysi hynotaf Sir Benfro. Tu mewn i'r eglwys mae bedyddfaen Normanaidd hardd a ffenestr fach o'r bedwaredd ganrif ar ddeg i'r dde o'r allor. Fe welwch hefyd eisteddle focs odidog sydd â lle tân arbennig, lle arferai'r crachach eistedd, sef teuluoedd Pentre, Clynfiew a Ffynhonne. Mae cwrwgl y tu mewn i'r eglwys a ddefnyddid pan oedd llifogydd ar afon Teifi, a'r eglwys o dan ddŵr. Roedd afon Teifi'n rhedeg yn agosach i'r eglwys ar un adeg, ond mae ei chwrs wedi newid yn ystod y blynyddoedd, ac nid oes perygl o lifogydd bellach.

Yn y fynwent mae beddau teuluoedd boneddigion yr ardal wrth furiau'r eglwys; sef teulu Lewis o Glynfiew, Colby o Ffynhonne a Saunders Davies o Pentre. Mae bedd John Blackwell, neu'r bardd Alun, awdur *Cathl i'r Eos a cherddi eraill*, i'r chwith o ddrws yr eglwys. Ef oedd rheithor Manordeifi rhwng 1833-1840.

O eglwys Manordeifi cerddwch yn ôl ar hyd y llwybr i Gilgerran. Gyrrwch drwy bentref Cilgerran, heibio i dafarn Pendre ar y dde, ac ymlaen am Aber-cuch. Ar un adeg roedd Aber-cuch yn enwog am ei chrefftwyr coed, ei gwehyddion a'i gwaith haearn. Cludwyd yr haearn crai ar hyd y gamlas.

Eisteddle yn yr eglwys

Rhaid galw yn y Nag's Head yn Aber-
cuch. Dyma dafarn ag adnod o'r Beibl ar ei
harwyddfwrdd: 'Bydd gall fel sarff, diniwed
fel colomen'. Hynodrwydd arall y dafarn
yw'r llygoden fawr (iawn!) sydd wedi ei
stwffio a'i gosod yn ffenestr y bar.
Darganfuwyd yr anghenfil hwn yng ngardd
y dafarn yn 1951. Yn y Nag's Head hefyd y
cynhelid Llys yr Ynadon flynyddoedd yn ôl.

Arwydd y Nag's Head

O'r Nag's Head cymerwch y ffordd i'r
dde am Gwm Cuch. Dilynwch yr afon am
dair milltir drwy Gwm Cuch i dafarn y
Cadno a'r Cŵn, sy'n le difyr iawn i aros ar y
ffordd. Yng Nghwm Cuch yr âi Pwyll i hela
yng nghainc gyntaf y Mabinogi yn ôl y sôn, ac
mae rhai pobl o'r farn mai afon Arberth uwchben Llechryd roddodd fod i Arberth
y Mabinogi, ac nid y dref yng ngwaelod y sir.

Ewch yn ôl o dafarn y Cadno a'r Cŵn i gyfeiriad Aber-cuch, gan droi i'r chwith
am Bwlch-y-groes, ar y ffordd tuag at Crymych. Ar ôl teithio tua milltir, arhoswch
ac edrychwch i'r dde a thros y caeau a gallwch weld hen blasty enwog Ffynhonne,
cartref y Fonesig a'r Iarll Lloyd George. Cyn-brifathro Bwlch-y-groes oedd W R
Evans, arweinydd criw Noson Lawen a elwid yn Bois y Frenni, ac awdur *Fi yw
Hwn*, ei hunangofiant.

Taith 2: **Abergwaun a Phen-caer**

Taith: **Abergwaun, Wdig, Eglwys Llanwnda, Carreg Wastad, Pen-caer**

Man cychwyn: **Abergwaun**
Map OS: **rhif 157 Tyddewi a Hwlffordd**
Cyfeirnod map: **957 371**

Dechreuwch wrth Fanc y Midland, Abergwaun, ger cofeb D J Williams. Cerfiwyd y gofeb gan Vicky Craven, gan ddefnyddio carreg las Pen-caer.

Cofeb D J yn Abergwaun

D J Williams

Ganed David John Williams ar 23 Mehefin 1885 ym Mhen-rhiw, plwyf Llansawel, Sir Gaerfyrddin. Aeth i ysgol Rhydcymerau, a gweithiodd ar y tir nes oedd yn un ar bymtheg oed. Symudodd wedyn am gymoedd y de gan weithio o dan ddaear am bedair blynedd. O'r lofa symudodd i gael addysg yn Llanybydder a Chaerfyrddin, ac yna cychwynnodd ei yrfa fel athro ysgol yn Llandrillo, Meirionnydd.

Yn hydref 1911 aeth i Goleg Prifysgol Cymru Aberystwyth, ac oddi yno yn 1915 i Goleg Iesu, Rhydychen. Wedi cyfnod byr yn Ysgol Lewis, Pengam, penodwyd ef yn 1919 yn athro Saesneg yn Ysgol Ramadeg Abergwaun, ac arhosodd yno hyd ei ymddeoliad yn 1945.

Yr hyn a ysbrydolodd D J Williams i lenydda oedd cariad at ei 'filltir sgwâr', ei phobl a'i phethau, a'r gwerthoedd dyrchafol sy'n rhan o gymdeithas glòs. Ymysg ei gampweithiau y mae *Hen Dŷ Ffarm, Hen Wynebau* a *Storïau'r Tir*.

Yn 1925 roedd D J yn un o'r cwmni bychan a sefydlodd Plaid Cymru, ac o hynny hyd ei farwolaeth gweithiodd ac aberthodd yn ddiarbed drosti. Carcharwyd ef am naw mis yn 1936 ynghŷd â Saunders Lewis a Lewis Valentine am losgi'r ysgol fomio ger Penyberth, ym Mhen Llŷn. Bu farw'n 84 oed ar 4 Ionawr 1970, ac yntau ar ymweliad â Rhydcymerau, ac yno, yn ei hen ardal, y rhoddwyd ef i orffwys.

Tafarn y Royal Oak

O gofeb D J cerddwch yn ôl heibio i Fanc y Midland, Canolfan Celfyddydau
Gorllewin Cymru (mae'n werth galw yn yr oriel wych yma) a siop lyfrau D J
Ychydig lathenni ar y chwith ar sgwâr Abergwaun mae tafarn y Roayl Oak.
Yn nhafarn y Royal Oak yng nghanol Abergwaun yr arwyddwyd y cytundeb
rhwng yr Arglwydd Cawdor a'r Cadfridog Tate wedi glaniad y Ffrancod ym
Mhen-caer ym mis Chwefror 1797.

Glaniad y Ffrancod

Mae'n anodd deall sut y daeth byddin o Ffrainc i ymosod ar y rhan hon o Sir
Benfro. Roedd y Chwyldro Ffrengig wedi digwydd rai blynyddoedd ynghynt,
pan ddienyddiwyd y brenin Louis XVI. Ar ôl y chwyldro roedd y Ffrancod yn
awyddus i ledu'r chwyldro i wledydd eraill, yn arbennig Prydain, ac roedd yna
leiafrif bach yng Nghymru, Lloegr ac Iwerddon a oedd yn dyheu am chwyldro
tebyg i'r un a gafwyd yn Ffrainc. Gobeithient y byddai'r werin dlawd yng
Nghymru yn tyrru i gefnogi'r Ffrancod ac yn ymuno â nhw yn y chwyldro.
Ond tawelwyd unrhyw fygythiad chwyldroadol gan y llywodraeth, a chreodd y
rhyfel yn erbyn Ffrainc (1793-1815) ymdeimlad gwrth-Ffrengig cryf.

Bwriad y Ffrancod yn wreiddiol oedd glanio yn
ymyl Bryste, llosgi'r dref honno, ac ennill cefnogaeth
tlodion yr ardal cyn mynd ymlaen i greu gwrthryfel
trwy Loegr. Ond methodd y cynllun hwnnw am fod y
tywydd yn anffafriol, felly ceisiwyd glanio ym Mhen-
caer. Bwriadai'r Ffrancod symud drwy Gymru i Gaer a
Lerpwl, ac oddi yno ymuno â chriw arall o
chwyldroadwyr a oedd i lanio yng nghyffiniau afon
Tyne. Credai'r Ffrancod yn ffyddiog y byddai'r tlodion
yn Lloegr a Chymru'n barod iawn i droi yn erbyn eu

Cofeb Jemeima Niclas

meistri, sef y landlordiaid a'r gwŷr busnes lleol. Ond ofer fu'r holl
gynlluniau, ac er i'r Ffrancod lwyddo i lanio ar Garreg Wastad, methiant
llwyr fu'r ymgais i greu gwrthryfel.

Arwres glaniad y Ffrancod oedd Jemeima Niclas. Ymatebodd Jemeima
yn ei dull ymarferol ei hun i fygythiad y Ffrancod wrth iddynt lanio ym
Mhen-caer. Yn ôl yr hanes arestiodd Jemeima ddwsin o Ffrancod ar ei phen
ei hun. Hi hefyd a drefnodd i ferched Abergwaun gerdded yn ôl a blaen ar
y Bigni, y bryn uwchben y Parrog. Gwisgai'r merched hetiau tal du a siolau
coch gan gario ffyrch a rhawiau, ac yn y gwyll y noson honno roedd y
Ffrancod a'u cefnau at y môr ar draeth y Parrog. I'r Ffrancod
ymddangosai'r merched fel byddin arall y tu ôl i un yr Arlgwydd Cawdor,
ac yn ôl yr hanes dyna pam yr ildiodd y Ffrancod. Cafodd Jemeima Niclas
glod mawr am ei rhan yn dal y Ffrancod, a chafodd bensiwn hael gan y
llywodraeth am weddill ei hoes. Roedd Jemeima yn ddynes fawr, arw a
oedd yn hoff o yfed cwrw cartref, a daeth ei hymdrechion yn rhwystro'r
Ffrancwyr yn rhan o chwedloniaeth yr ardal. Mae carreg fedd Jemeima o
flaen Eglwys y Santes Fair ar sgwâr Abergwaun.

Yn 1997 trefnwyd nifer o weithgareddau i ddathlu daucanmlwyddiant glaniad
y Ffrancod, ac un o'r prif atyniadau i ddathlu'r achlysur oedd y tapestri 30 metr o
hyd yn portreadu'r digwyddiadau cyffrous a gymerodd le yn Abergwaun. Gallwch
weld y tapestri yn neuadd yr Eglwys, sydd gyferbyn ag Eglwys y Santes Fair.
Cynlluniwyd y gwaith gan Elizabeth Cramp, a gwnaethpwyd y brodwaith gan
saith deg wyth o wragedd lleol. Mae'n ffrwyth ymchwil gofalus o'r hanes a nifer o

storïau lleol sydd wedi datblygu o gwmpas glaniad y Ffrancod, ac mae'n llawn bywyd a hiwmor. Mae'r prif ddigwyddiadau wedi'u disgrifio mewn ysgrifen ddwyieithog ar ymylon y gwaith.

Gyrrwch drwy dref Abergwaun ar hyd yr A40 am borthladd Wdig. Er mai yn Wdig y mae'r porthladd, Harbwr Abergwaun yw ei enw swyddogol, a cheir prysurdeb mawr yno gyda llongau yn cludo teithwyr a nwyddau nôl a blaen i borthladd Rosslare yn Iwerddon. Roedd yn rhaid ffrwydro'r creigiau i greu'r harbwr ar ddechrau'r ugeinfed ganrif. Bu'n fwriad i'w gael yn fan cychwyn mordeithiau a masnach â'r Amerig ond ni ddaeth yr un llong fawr yno ar ôl i'r *Mauritania* alw unwaith yn fuan wedi agor y porthladd yn 1909. Y gwendid oedd fod y dŵr yn rhy fas i alluogi'r llongau mawr i ddod y tu mewn i'r morglawdd ac at y cei.

O harbwr Wdig gyrrwch i fyny'r rhiw serth am bentref Wdig. Ewch ymlaen drwy'r stad dai a heibio i'r arwydd Ysgol Wdig. Ar ôl teithio llai na milltir dewch at gyffordd ac arwydd Llanwnda o'ch blaen. Trowch i'r dde ac ymlaen am Lanwnda.

Eglwys Llanwnda

Eglwys Llanwnda

Mae mwy o olion Celtaidd yno nag mewn unrhyw blwyf yng Nghymru, ac mae eglwys plwyf Llanwnda yn dyddio nôl tu hwnt i'r wythfed ganrif. Derbyniodd Asser, cyfarwyddwr Alfred Fawr, ei hyfforddiant cynnar yn y ffydd Gristnogol yno; hefyd bu Gerallt Gymro yn offeiriad yn yr eglwys hanesyddol hon.

Yn ystod y gwaith adnewyddu a wnaethpwyd ar yr eglwys yn 1881, darganfuwyd nifer o gerrig oedd wedi eu naddu, ac fe'u gosodwyd yn rhan o furiau allanol yr eglwys. Mae'r cerfiadau hyn o waith seiri maen oedd yn gweithio o dan nawdd y mynachod yn dyddio o tua'r seithfed i'r nawfed ganrif. Diddymwyd y math hwn o arlunwaith Cristnogol gan y goncwest Normanaidd.

Cysegrwyd Eglwys Llanwnda i Sant Gwyndaf, brodor o Lydaw. Roedd Gwyndaf yn wrandäwr cyffes ym mynachlog Illtyd, yna fe'i penodwyd yn bennaeth Coleg Dubricus yng Nghaerleon. Caiff ei ystyried hefyd yn sylfaenydd eglwys Llanwnda, Sir Gaernarfon.

Os edrychwch i'r chwith o Eglwys Llanwnda, gallwch weld carreg goffa yn dynodi'r union le y glaniodd y Ffrancod ym Mhen-caer yn 1797. Gallwch gerdded ar hyd llwybr o Lanwnda i Garreg Wastad i weld y garreg goffa. Mae'r llwybr tua milltir (un ffordd), ac yn dechrau i'r chwith o'r eglwys. Mae'n lwybr da ac yn ymuno â Llwybr Arfordir Sir Benfro. Mae'r garreg goffa ar ben y penrhyn garw, sy'n noeth a digysgod. Prin y gallent fod wedi dewis man mwy anodd na hwnnw i lanio gyda milwyr, arfau ac offer ar fis Chwefror rhewllyd yn 1797.

Trowch yn ôl yn Llanwnda a gyrru tuag at y gyffordd ger Wdig. Trowch i'r dde yno, a dilyn yr arwyddion am Strumble Head. Wedi gyrru tri

Carreg goffa glaniad y Ffrancod

chwarter milltir, dewch at gyffordd; trowch i'r dde yno gan fynd ymlaen tuag at Bontiago. Ar y chwith, ychydig lathenni o Bontiago, mae fferm Brestgarn. Mae'r hyn a ddigwyddodd ym Mrestgarn yn dal i fod yn fyw yng nghof pobl heddiw. Ar ôl glaniad y Ffrancod yn 1797 gwthiodd y Ffrancod i mewn i gegin ffermdy Brestgarn i chwilio am fwyd; doedd neb o gwmpas. Tra oedd y Ffrancod yn llowcio'r bwyd ac yn yfed y cwrw cartref tarodd yr hen gloc wyth niwrnod mawr yn y gegin wyth o'r gloch. Fe ŵyr y rhai sy'n gyfarwydd â hen glociau o'r fath eu bod, cyn taro, yn gwneud sŵn rhyfedd yn eu crombil. Dyna'r sŵn a dorrodd ar draws y distawrwydd yng nghegin Brestgarn y noson honno! Fe neidiodd un Ffrancwr ar ei draed mewn dychryn a rhuthro at y cloc. Yn ei feddwdod rhaid ei fod wedi credu fod rhywun yn cuddio tu mewn i'r hen gloc, ac yn paratoi i ymosod arno. Cododd ei wn a thanio. Aeth y fwled drwy gorff yr hen gloc, ac mae'r cloc i'w weld yn ffermdy Brestgarn o hyd, a'r twll bwled i'w weld yn glir.

O Brestgarn gyrrwch ymlaen am hanner milltir, ac ar y dde mae ffermdy Trehywel. Ar ôl glanio ger Carreg Wastad a dringo'r creigiau serth, gwnaeth y Cadfridog Tate ei bencadlys yn ffermdy Trehywel, ac yno ceisiodd gynllunio ei daith i Lundain. Roedd aros yn Nhrehywel yn gamgymeriad o safbwynt y gwrthryfel gan fod gŵr y tŷ, John Mortimer, ar fin priodi, a'r tŷ o'r herwydd yn llawnach nag arfer o win a danteithion. Hefyd, ychydig ddyddiau ynghynt roedd llong win wedi dryllio ar y creigiau gerllaw, ac roedd casgenaid neu ddwy o'r gwin ym mhob tŷ yn yr ardal.

Taith 3: **Coedwig Pengelli**

Taith: **Eglwyswrw, Pengelli**

Map OS: **rhif 145 Aberteifi**
Man cychwyn: **Tafarn y Sergeants, Eglwyswrw**
Cyfeirnod map: **143 385**

Dechreuwch ger tafarn y Sergeants, Eglwyswrw. Mae Eglwyswrw ar yr A487 rhwng Aberteifi ac Abergwaun. O'r dafarn gyrrwch ychydig lathenni am Aberteifi a throi i'r chwith a gyrru am ddwy filltir nes dod at gyffordd. Trowch i'r chwith ar y gyffordd a gyrru'n syth ymlaen am ddwy filltir arall nes cyrraedd coedwig Pengelli. Mae'r goedwig, sydd yn rhyw 160 erw, yn agored i'r cyhoedd drwy gydol y flwyddyn. Dyma'r goedwig dderi hynafol fwyaf yng ngorllewin Cymru, ac mae rhai o'r planhigion a welir yno, fel y friwydden bêr *(woodruff)* yn tystio i'w hynafrwydd. Roedd y goedwig yn llawer mwy ar un adeg – tua 500 erw yn yr unfed ganrif ar bymtheg yn ôl un o haneswyr y cyfnod, George Owen o Henllys (ger Nanhyfer). Gwelodd (a chofnododd) George Owen lawer o glirio coed yn yr ardal yn ystod y cyfnod hwnnw, wrth i'r boblogaeth a'r galw am fwyd gynyddu'n sydyn. Dyma ddywedodd George Owen:

> *This country groaneth with the general complaint of other countries of the decreasing of woods, for I find by matter of record that divers great cornfields were in times past great forests and woods.*

Mae'r clirio tir wedi parhau ers hynny hefyd, a thua 52% o goedwigoedd hynafol Sir Benfro wedi'u troi yn blanigfeydd neu wedi'u distrywio ers 30au'r ganrif hon.

Rheswm arall dros glirio coed yn yr Oesau Canol oedd i gynhyrchu golosg, ac mae sawl 'aelwyd gols' gron, 30 metr o led wedi'u darganfod ym Mhengelli. Fe ailadeiladwyd tomen losgi golosg yn y 90au hefyd, ac roedd modd gweld sut y staciwyd y darnau coed â phridd drostynt i ffurfio tomen fel iglw â simdde yn ei chanol. Cymerai 10-12 diwrnod i fudlosgi'r pren yn araf – roedd rheoli'r llif awyr yn holl bwysig, fel na fyddai gormodedd o ocsigen yn peri i'r pren losgi'n ddim.

Aelwyd gols

Byddai'r colier coed a edrychai ar ôl y domen yn byw mewn rhyw wigwam bren yn y goedwig yn ystod y tymor llosgi. Defnyddiwyd golosg o Bengelli yn bennaf yn y diwydiannau smeltio metel yng ngwaelodion Ceredigion. Yn wir, effeithiodd y diwydiant hwn ar goedwigoedd ar hyd a lled Cymru, fel y gwelir yn y gerdd 'Coed Glyn Cynon' – y darn o farddoniaeth rydd gyntaf a ysgrifennwyd yn y Gymraeg, a hynny yn yr Oesau Canol:

Aberdâr, Llanwnno i gyd,
plwy Merthyr hyd Llanfabon;
mwya adfyd a fu erioed
pan dorred coed Glyn Cynon.

Torri llawer parlwr pur,
lle cyrchfa gwŷr a meibion;
yn oes dyddiau seren syw
mor arael yw Glyn Cynon.

Llawer bedwen glas ei chlog
(ynghrog y byddo'r Saeson!)
sydd yn danllwyth mawr o dân
gan wŷr yr haearn duon.

Lleihaodd y defnydd o olosg yn y ddeunawfed ganrif gyda'r defnydd cynyddol o lo. Ond fe effeithiodd y pyllau glo ar goedwig Pengelli hefyd, oherwydd ar ddechrau'r ganrif hon, ar orchymyn yr Adran Fasnach, gosodwyd llinell dram ager yno i fynd â boncyffion o'r goedwig i fod yn brops ym mhyllau glo cymoedd y de.

Torrwyd coed ym Mhengelli hefyd i wneud clocsiau, a thynnwyd rhisgl yn y goedwig hefyd i gyflenwi tanerdai Eglwyswrw a Felindre Farchog. Canlyniad yr holl weithgaredd yma, ynghŷd â chyfnod diweddarach o ddiffyg rheolaeth, yw bod y goedwig heddiw yn llawer mwy unffurf nag ydoedd yng nghyfnod George Owen.

Mae Ymddiriedolaeth Byd Natur Dyfed, sy'n gofalu am y goedwig, yn ceisio adfer yr amrywiaeth hwn, a chynyddu cyfoeth y safle. Gwnânt hyn drwy fondorri, clirio rhodfeydd llydan, gwaredu'r sycamorwydden a'r ffawydd, a gosod blychau ar gyfer adar, ystlumod a'r pathew.

Mae yna amrywiaeth o lwybrau yn y goedwig at ddant pawb, beth bynnag fo lefel eich ffitrwydd.

Taith 4: **Eglwyswrw a Nanhyfer**

Taith: **Eglwyswrw, Castell Henllys, Nanhyfer**

Man cychwyn: **Arhosfan garej Penfro, Eglwyswrw**
Map OS: **rhif 145 Aberteifi**
Cyfeirnod map: **133 380**

Dechreuwch wrth garej Penfro, Eglwyswrw. Mae Eglwyswrw ar yr A487 rhwng Aberteifi ac Abergwaun. O'r arhosfan gyrrwch am Abergwaun ac i Nanhyfer.

Y Mochyn Du

Nid yw enw'r Parch. John Owen yn adnabyddus iawn, ond ef oedd awdur y gân enwog 'Y Mochyn Du'. Roedd yn fab i Simon a Rachel Owen o Flaenpengelli ger Eglwyswrw. Tua'r flwyddyn 1854 pan oedd yn gweithio gyda Mr a Mrs Thomas James yn Felinwrdan ger Ffynnongroes y cyfansoddodd gân 'Y Mochyn Du'. Testun y gân oedd mochyn o eiddo Dafydd Thomas o Barc-y-maes, Brynberian, a chafodd y gân ei chyfansoddi pan fu'r mochyn hwnnw farw yn 'dra sydyn'. Mae'n debyg i Mrs Thomas, Felinwrdan, argraffu'r gân heb yn wybod i John Owen a'i dosbarthu drwy Gymru gyfan. Ar ôl i John Owen droi at y weinidogaeth roedd y gân yn destun gofid a chywilydd mawr iddo. Dywedir iddo unwaith weld baledwr yn gwerthu copi o'r gân, ac iddo brynu'r copïau i gyd er mwyn eu dinistrio.

Ychydig dros ddwy filltir o garej Penfro, Eglwyswrw mae Castell Henllys. Bu archeolegwyr yn gweithio ar safle Castell Henllys yn ddiweddar ac maen nhw wedi ailgodi esiampl o fryngaer Geltaidd. Yno, cewch weld tai crwn to gwellt a chytiau wedi'u hail-greu. Mae awyrgylch arbennig ar y safle a chaiff yr ymwelydd gip ar fywyd ein cyndadau a oedd yn byw ar y safle tua 2400 o flynyddoedd yn ôl. Mae rhan o'r safle wedi'i gloddio i ddadorchuddio'r amddiffynfeydd.

Y pentref nesaf ar y daith yw Felindre Farchog. Ar y dde cyn cyrraedd tafarn y Salutation mae Henllys, cartre'r hanesydd George Owen, a gyhoeddodd y

campwaith *Description of
Pembrokeshire* yn 1603. Roedd y
gyfrol hon yn arloesol yn y
cyfnod, ac yn nodi pob math o
nodweddion am Sir Benfro, yn
cynnwys gwybodaeth am
ffeiriau, trefi, daearyddiaeth, ac
adloniant. Yn bendant dyma un
o haneswyr pwysicaf yr ardal, ac
mi oedd bob amser yn driw i'w
ardal ac i Gymru. Roedd Henllys
yn le y gallai beirdd gael croeso a
nawdd, ac ysgrifennwyd cynifer â

Tŷ to gwellt hynafol ar safle Castell Henllys

dwy ar bymtheg o awdlau, cywyddau ac englynion i George Owen – person a
ddisgrifiwyd yn un ohonynt 'yn Gymro ystyriol ag i gare Gymbreigydd'. Roedd
hefyd yn dad i ddau ar hugain o blant!

Ewch ymlaen i groesffordd Temple Bar, a throi ar y dde i bentref Nanhyfer.
Dyma un o bentrefi harddaf Sir Benfro.

Eglwys Nanhyfer

Wrth fynedfa'r eglwys mae bloc esgyn, lle'r oedd aelodau'r eglwys yn esgyn i
fynd ar eu ceffylau oddi ar y grisiau. Mae llawer o bobl yn ymweld â'r
eglwys i weld yr ywen sy'n
gwaedu, sef yr ail goeden ar y
dde ar ôl mynedfa'r fynwent.
Gwelwch hylif coch yn llifo allan
o ochrau'r boncyffion ar rai
adegau o'r flwyddyn. Yn ôl yr
hanes roedd gŵr ifanc wedi ei
grogi ar gam ar gangen o'r
goeden hon yn y ganrif
ddiwethaf, ac arwydd o ddialedd

Bloc esgyn eglwys Nanhyfer

am y camwri hwnnw yw'r diferion gwaed ar y goeden. Ond darganfuwyd
mai math arbennig o ywen saith gant o flynyddoedd oed yw'r coed yn y

fynwent, ac mai resin naturiol yw'r hylif coch sy'n diferu o'r boncyff. Dywed rhai mai gwaedu wnaiff yr ywen nes daw arglwydd o Gymro i'r castell ar y bryn unwaith eto.

Yn yr eglwys fe welwch gofeb i George Owen, Henllys. Ar silff ffenestr mae carreg a chroes Sant Brynach wedi ei cherfio ynddi. Gwyddel oedd Sant Brynach a sefydlodd nifer o eglwysi yng Nghymru, ac yn arbennig yn Sir Benfro. Ymgartrefodd nifer fawr o Wyddelod yn yr ardal, a lle ceir Gwyddelod ceir hefyd gerrig Ogam, ac ar y silff ffenestr yn yr eglwys gellir gweld enghraifft o garreg Ogam.

Ysgrifen Ogam tu fewn i'r eglwys

Nid patrwm diystyr mo'r marciau neu'r rhychau ar garreg Ogam, ond math arbennig o ysgrifennu a ddyfeisiwyd gan drigolion Iwerddon. Dim ond mewn perthynas â llinell ganolog y mae'r llinellau bach, sy'n cynrychioli llythrennau, yn gwneud synnwyr. Mae'r wyddor o ugain llythyren yn cynnwys cytseiniaid a llafariaid, ac wedi eu trefnu mewn llinellau hir a byr sy'n addas ar gyfer eu naddu ar ochr cerrig sgwâr.

Y groes Geltaidd

Atyniad arall yn Eglwys Nanhyfer yw'r groes Geltaidd hardd. Yn ôl traddodiad, mae'r gwcw yn dod i ganu ar y groes hon ar y seithfed o Ebrill bob blwyddyn, sef dydd gŵyl Sant Brynach. Mae hanesyn am wasanaeth yn yr unfed ganrif ar ddeg, pan ddaeth trigolion yr ardal o gwmpas y groes Geltaidd ar ddydd gŵyl Sant Brynach. Yn ôl yr hanes ni ddechreuwyd y gwasanaeth nes i'r gwcw gyrraedd ar ben y groes i ganu. Y flwyddyn honno roedd hi wedi bod yn wanwyn oer iawn, ac arhosodd y gynulleidfa am oriau i'r gwcw. O'r diwedd cyrhaeddodd y gwcw, allan o wynt, a chanu un gwcw; ond cyn canu'r ail gwcw syrthiodd o ben y groes Geltaidd i'r llawr, a bu farw.

Ewch o fynedfa'r eglwys, heibio i'r bloc esgyn, nôl am y gyffordd. Mae'r ffordd sy'n mynd i'r gorllewin (ar y dde) yn arwain at Groes y Pererinion. Hanner ffordd i fyny'r rhiw serth, ar y gornel gas gyntaf, mae yna lwybr troed ar y chwith yn arwain at Groes y Pererinion. Mae'r groes wedi ei cherfio ar y graig, ac o flaen y groes mae'r man penlinio wedi ei dreulio yn ris gan y pererinion dros y canrifoedd. Mae'r llwybr heibio i'r groes yn arwain ar hyd ffordd y pererinion am Dyddewi. Ychydig droedfeddi o'r groes ar hyd y llwybr, mae ôl traed y pererinion fu'n troedio'r llwybr dros y canrifoedd. Fe welwch hefyd groesau bach wedi eu naddu i mewn i rai o'r stepiau.

O Groes y Pererinion ewch nôl i'r ffordd, ac ymlaen i fyny'r rhiw serth, ac ar y dde fe welwch olion castell tomen a beili. Mae'n werth cerdded lan yr allt i'w weld. Ni ellid cael amgenach man i encilio a myfyrio, a cheisio amgyffred treigl y canrifoedd.

Mae'r cofnodion sydd ar gael yn dangos y bu'r castell yn eiddo i'r Fitzmartins, Arglwyddi Normanaidd Cemaes. Cipiwyd y castell yn 1191 gan yr Arglwydd Rhys, a'i roi yn anrheg i'w fab, Maelgwyn. Arhosodd y castell yn nheulu'r Arglwydd Rhys ar ôl ei farwolaeth, ond yn 1204 ailsefydlodd William Fitzmartin ei hun yng Nghemaes, ac mae'n dra thebyg iddo symud ei bencadlys i Drefdraeth.

Mae safle'r castell tomen a beili hwn ar ochr ogleddol afon Nyfer, lle ymuna'r Gaman â hi, gan edrych i lawr dros bentref Nanhyfer. Roedd y castell mewn man strategol arbennig o dda, gyda'r llethrau naturiol yn ei amddiffyn o'r ochr ddeheuol, hafn ddofn yn gwarchod yr ochr ddwyreiniol, a ffos yn amddiffyn yr ochr orllewinol. Mae yna olion seiliau tŵr yn y gornel ddwyreiniol, ac mae'n weddol sicr mai hwn oedd y prif amddiffynfa. Ar yr ochr orllewinol mae yna dwmpath arall sy'n sefyll yn uwch na'r castell ac yn agos i'r heol, sef y domen wreiddiol fwy na thebyg – ail amddiffynfa oedd y castell a'r tŵr.

Ewch nôl lawr y rhiw serth, a thros y bont, ac ar y dde mae tafarn gartrefol Tre-wen.

Taith 5: **Mynyddoedd y Preseli**

Taith: **Crymych, Mynachlog-ddu, mynyddoedd y Preseli, Rosebush**

Man cychwyn: **Siop Siân, Crymych**
Map OS: **rhif 145 Aberteifi**
Cyfeirnod map: **181 336**

Mae hon yn daith gerdded o tua saith milltir, ac mae'n cymryd tua phedair awr i'w chwblhau. Os yn bosibl, trefnwch fod rhywun yn eich gyrru i Groesfihangel, Mynachlog-ddu i ddechrau, neu yn eich cyfarfod yn Nhafarn Sinc, Rosebush, ar ddiwedd y daith. Mae angen esgidiau cerdded a dillad addas ar gyfer y daith hon.

Dechreuwch o flaen Siop Siân, Crymych, a gyrrwch ar yr A478 am Ddinbych-y-pysgod am lai na chwarter milltir. Ar y troad cyntaf ar y dde ewch am Fynachlog-ddu a Maenclochog. Gyrrwch ymlaen am filltir nes cyrraedd cornel gas a chyffordd. Cadwch i'r chwith am chwarter milltir a pharcio wrth ochr y ffordd. Ar y dde mae llwybr troed yn arwain at gât a mynyddoedd y Preseli. Yn syth o'ch blaen mae yna lwybr clir yn arwain i ben Foel Drygarn.

Amlosgi

Yn 1958 daeth archeolegwyr o Amgueddfa Dinbych-y-pysgod o hyd i bum llestr pridd dan dwmpath Croesfihangel. Y tu mewn i ddau ohonynt roedd llwch esgyrn. Byddai pobl yr Oes Efydd yn llosgi cyrff y meirw, ac yna'n gosod y llwch mewn llestr pridd neu wrn gladdu. Y peth nesaf i'w wneud oedd claddu'r llestr neu gasgliad ohonyn nhw o dan dwmpath o gerrig a phridd. Mae'n debyg mai yn yr Oes Efydd y dechreuwyd yr arfer o amlosgi'r meirw.

Foel Drygarn

Carn Menyn (Carn Meini)

Ar gopa Foel Drygarn y mae tri thwmpath anferth o gerrig (tair carn). Mae'r mynydd yn enwog fel enghraifft arbennig o dda o fryngaer neu ddinas gaerog a gafodd ei hadeiladu gan bobl yn ystod yr Oes Haearn, tua 500 o flynyddoedd Cyn Crist. Os edrychwch yn fanwl ar Foel Drygarn fe welwch fod copa'r bryn wedi'i amgylchynu gan ddau fur neu gloddiau o gerrig a thywyrch. Craffwch yn ofalus iawn ac fe welwch hefyd farciau crwn ar y ddaear y tu mewn i'r muriau. Olion sylfeini hen gytiau yw'r marciau hyn. Toeau o wellt neu frwyn oedd i'r cytiau crwn, ac roedd eu lloriau'n isel ac wedi eu cysgodi o afael y gwynt. O fewn muriau'r gaer roedd y pentrefwyr yn gymharol ddiogel, gyda'r muriau'n cadw gelynion ac anifeiliaid allan. Roedd pobl yr Oes Haearn yn ffermio ac yn cadw ceffylau, gwartheg, defaid a chŵn, yn ogystal â thyfu ŷd. Byddent hefyd yn hela'r arth, y blaidd, y baedd a'r carw yn y coedwigoedd yn yr iseldir.

Cerddwch lawr o Foel Drygarn am Garn Gyfrwy a Charn Menyn (Carn Meini). Carn Menyn yw'r enw swyddogol ar y mynydd, a dyna'r enw a ddefnyddir ar fapiau, yn cynnwys mapiau degwm y ganrif ddiwethaf, ond Carn Meini yw'r ffurf lafar. Dim ond ar Garn Meini mae carreg las y Preseli *(spotted dolerite)* i'w gweld yn yr holl fyd. Cariwyd 83 o gerrig glas Preseli, pob un yn pwyso tua phedair tunnell, 180 o filltiroedd o Garn Meini i Wastadedd Salisbury i ffurfio'r cylch mewnol yng Nghôr y Cewri.

Mae llawer o ddyfalu wedi bod ynglŷn â sut y symudwyd y cerrig hyn i Wastadedd Salisbury. Credir iddynt osod y cerrig ar rafftiau a mynd a'u cludo ar draws Môr Hafren ac i fyny afon Avon. Mae'n ddirgelwch o hyd pam y gwnaethant hyn oll, y cyfan a wyddom yw bod i'r cerrig hyn bwysigrwydd crefyddol mawr iawn. Credir bellach gan nifer o ddaearegwyr i'r cerrig sy'n ffurfio Côr y Cewri gael eu cario yno gan y rhewlifoedd yn ystod Oes yr Iâ, ac nid drwy nerth braich ein cyndeidiau yn Oes y Cerrig.

Ar Garn Meini fe deimlwch naws y cynfyd o'ch amgylch, a dyna'r fan i 'gofio am y pethau anghofiedig' fel yr ysgrifennodd Waldo. Ewch ymlaen o Garn Meini heibio i Fedd Arthur, Carnbica, copa Tal Mynydd, Cerrig Marchogion a Foel Feddau. O gopa Foel Feddau ewch ymlaen yn syth ar hyd y llwybr troed am tua hanner milltir nes y dewch at ffens a bonion coed, trowch i'r chwith yno a dringo'r bryn, dros y gamfa ar y dde a dilyn y llwybr tuag at Foel Cwm Cerwyn. Foel Cwm Cerwyn yw'r grib uchaf ym mynyddoedd y Preseli, gyda'r copa tua milltir uwchlaw lefel y môr. Ar ddiwrnod clir, gallwch weld bron holl siroedd Cymru ac eithrio Môn a Mynwy. Mae ehangder ac ysblander Sir Benfro i'w weld i gyd o ben y mynydd, a gallwch ddilyn yr arfordir o Benrhyn Gŵyr, heibio i Aberdaugleddau draw am Benmaendewi hyd at Fae Ceredigion.

Cerddwch i lawr o gopa Foel Cwmcerwyn am Rosebush. Ar waelod y mynydd mae yna gât wrth ochr y goedwig, ewch drwyddi a dilyn y llwybr. Ar y chwith, hanner ffordd i lawr o'r copa, mae yna dŵr o greigiau, ymddengys y creigiau fel petai'r ddaear wedi gwthio'i hesgyrn trwy'i chroen. Dyma Garn Afar. Oddi tanoch gallwch weld y ffordd syth o Rosebush am Fynachlog-ddu. Yr Americanwyr adeiladodd y ffordd honno, ac yn wir ar derfyn y rhyfel ceisiodd y Swyddfa Ryfel hawlio'r bryndir a'r gweundir yn yr ardal fel maes ymarfer ar gyfer y fyddin. Galwyd cyfarfod protest gan bobl yr ardal a llwyddwyd, ar ôl dadlau ffyrnig, i rwystro'r cynllun. Mae gennym le i ddiolch i drigolion yr ardal am frwydro i gadw'r llethrau hyn yn dawel. (Gallwch ddarllen hanes y frwydr hon yn erthygl Moelwyn Daniel yn *Bro'r Eisteddfod 6: Abergwaun a'r Fro.*) Ar ôl cyrraedd y ffordd fawr cadwch i'r dde am Dafarn Sinc ym mhentref Rosebush.

Rosebush

Sbwriel o chwarel wedi'i chau yw'r chwarel lechi, neu 'gwarre slâts'
Rosebush erbyn heddiw. Edward Cropper oedd perchennog chwarel
Rosebush, ac ef dalodd am agor rheilffordd o Glunderwen i Faenclochog
yn 1876 o'i boced ei hun er mwyn gwasanaethu chwarel Rosebush.
Adeiladodd stryd o chwech ar hugain o dai ar gyfer ei weithwyr, a thrwy
hynny cynyddodd poblogaeth yr ardal o bedwar teulu tlawd i 179 o bobl.
Ewch heibio i'r hen dai tuag at yr hen gloddfeydd, ac yn eu canol, mewn lle
peryglus iawn, mae pwll dwfn o ddŵr glas.

Cododd Joseph Macaulay bentref gwyliau a chanolfan i dwristiaid yng
nghanol pentref Rosebush, yn cynnwys stablau a dau lyn artiffisial ar gyfer
pysgotwyr, ac agorwyd gwesty Precelly Hotel yn ymyl yr orsaf yn yr un
cyfnod. Dim ond tafarn sinc oedd y Precelly Hotel, a dyna'r enw newydd ar
y dafarn, sef Tafarn Sinc. Mae'n le cartrefol a chyfeillgar. Methodd ymdrech
Joseph Macaulay, ac mae Rosebush heddiw yn bentref tawel iawn, a'r
chwarel yn fud.

Taith 6: **Tafarn Newydd a Phentre Ifan**

Taith: **Tafarn Newydd, Carnedd Meibion Owen, Coedwig Tycanol, Pentre Ifan**

Man cychwyn: **Tafarn Newydd, rhwng Hwlffordd ac Eglwyswrw ar y B4329**

Map OS: **rhif 145 Aberteifi**

Cyfeirnod map: **061 301**

Mae Tafarn Newydd rhwng Hwllfordd ac Aberteifi ar y B4329. Yn Nhafarn Newydd yr arhosai'r goets fawr ar ei ffordd o Aberteifi i Hwlffordd. Dechreuwch wrth y dafarn a gyrru am Aberteifi dros Fwlch-gwynt, i lawr y rhiw a throi i'r chwith ar ôl y grid gwartheg ger Tafarn y Bwlch. Ewch ymlaen nes bod y ffordd yn fforchio, a chadw ar y dde. Ewch ymlaen eto am tua hanner milltir pan welwch droad cas yn y ffordd, a llwybr ar y chwith. Gadewch y car yno, a dringo dros y gamfa ac ymlaen am Garnedd Meibion Owen, Coedwig Tycanol a chromlech Pentre Ifan. Fe gymer y daith tua dwy awr i'w chwblhau.

Dyma Warchodfa Natur Genedlaethol Tycanol sydd yn eiddo i awdurdod Parc Cenedlaethol Arfordir Sir Benfro, ac fe'i rhoddwyd ar brydles i'r Cyngor Gwarchod Natur. Dilynwch y llwybr heibio i Garnedd Meibion Owen ar y dde, ac i lawr y bryn drwy'r gât i ganol y coed. Ar y chwith i chi fe welwch olygfa hyfryd o Carn Ingli a'r môr yn Nhrefdraeth. Mae'r gymysgfa o rostir, tir pori, a choetir derw digoes hynafol a geir yn y warchodfa hon yn adlewyrchu ei daeareg gymhleth a'i thirwedd amrywiol, a'i defnydd helaeth gan ddyn. Mae'r dirwedd creigiog, ffosydd a chorsydd wedi bod yn rhwystr i glirio gweddillion y coetir, gan hybu, o ganlyniad, fflora unigryw, sy'n gyfoethog mewn mwsoglau, rhedyn a chen. Mae dros 300 math o gen i'w gael yno – tua chwarter holl rywogaethau Prydain, ac mae llawer ohonynt yn ddibynnol ar gyfuniad o lawer o leithder a heulwen nas ceir ond ar arfordir gorllewinol Prydain. Mae angen rheoli Tycanol i ofalu am yr amrywiaeth o gynefinoedd sy'n ffafriol i'r cen, a thorri coed i greu llennyrch ac i waredu'r coed sycamorwydden estron. Hwylusir twf newydd ar y dderwen drwy docio yn y dulliau traddodiadol. Mae pori gan ddefaid, o'i reoli, yn

Cromlech Pentre Ifan

clirio'r haenau prysgwydd is, ond hefyd yn lleihau eginhad y coed, sy'n arwain at hybu twf rhywogaethau sy'n hoffi goleuni, gan gynnwys cen ar gerrig sydd yr un mor bwysig â'r cen sydd ar y coed.

Wedi cerdded drwy'r goedwig, dewch yn ôl i fuarth fferm Tycanol. Ewch ymlaen drwy'r buarth ac ar hyd y feidir am y ffordd. Cadwch i'r chwith a cherdded ar hyd y ffordd, heibio i ddau fwthyn, am tua chwarter milltir. Ar y chwith mae llwybr yn arwain tuag at gromlech Pentre Ifan. Codwyd y gromlech tua phedair mil o flynyddoedd yn ôl. Y gromlech gadarn ac urddasol hon ym Mhentre Ifan yw'r enghraifft berffeithiaf o gromlech yn Ewrop; mae hi'n anarferol o uchel, a'r garreg gapan 16 troedfedd yw un o'r rhai mwyaf yng Nghymru. Yn wreiddiol fe'i diogelid gan dwmpath hir o gerrig a phridd, ond amlinelliad o hwn yn unig a welir erbyn heddiw oherwydd i'r gwynt a'r glaw erydu'r pridd.

Cerddwch yn ôl tuag at yr un cyfeiriad, heb fynd ar hyd y feidir i fferm Tycanol y tro hwn, ond yn hytrach dilyn y llwybr i fyny'r rhiw er mwyn cyrraedd yn ôl at y car.

Taith 7: **Llandudoch**

Taith: **Pen-y-bryn, Llandudoch, Traeth Poppit**

Man cychwyn: **Pentref Pen-y-bryn rhwng Aberteifi a Chrymych**
Map OS: **rhif 145 Aberteifi**
Cyfeirnod map: **178 428**

Mae pentref Pen-y-bryn ar yr A478 rhwng Aberteifi a Chrymych. Yno y ganed John Hughes (1872-1914), awdur y dôn 'Calon Lân'. Ceir cofeb uwchben drws y tŷ, sydd ar y sgwâr, yn dynodi hyn. Symudodd ei rieni i Landŵr, Abertawe, pan oedd yn ddyflwydd oed. Yn y man, daeth yn gyfarwyddwr y gweithfeydd dur a theithiodd lawer i'r Amerig i drefnu gwerthu dur. Danfonai emyn dôn yn flynyddol i Gymanfa Ganu Blaenffos.

O bentref Pen-y-bryn ewch ymlaen am Aberteifi. Cyn cyrraedd pont Aberteifi trowch i'r chwith am bentref Llandudoch.

Llandudoch

Mae Llandudoch yn enwog fel pentref y pysgota 'sân'. Sân yw'r enw ar y rhwyd a ddefnyddir i bysgota, sef rhwyd lusg. Doedd dim gwerth i'r llygaid fod o dan bedair modfedd, na'r rhwyd i fod yn hirach na dau gan llath. Yn yr hen ddyddiau

Pysgota sân

'llestri'r sân' y gelwid y cychod a ddefnyddid ar afon Teifi i bysgota gyda'r rhwydi hyn. A 'mynd i'r sân' fyddai pysgotwyr Llandudoch wrth fynd yn eu cychod i bysgota. Mae'r arfer o bysgota sân yn Llandudoch yn mynd nôl i'r Oesau Canol. Dyma'r dull a ddefnyddid ar afon Seine yn Ffrainc, a'r mynachod o Ffrainc ddaeth a'r arfer i Abaty Llandudoch gyntaf. Ar un adeg roedd yn agos i 150 o bysgotwyr sân llawn amser yn yr ardal, ond erbyn heddiw dim ond diddordeb amser hamdden yw'r arfer i'r ychydig sy'n dal i daro ergydion gyda'r rhwydi.

Pysgota Sân

Roedd chwech o bysgotwyr ym mhob cwch; y bowman, y llywiwr, a phedwar yn rhwyfo. I ddechrau roedd yn rhaid penderfynu ble i fynd i bysgota ar yr afon, a dewis pwll. Mae rhif ar bob pwll yn yr afon Teifi, a rhag bod gor-bysgota yr un pyllau, byddai'r pysgotwyr yn cwrdd wrth dafarn Teifi ('Net Pool' ar lafar) yn ôl y llanw, ac yno byddai'r capteiniaid yn tynnu carreg â rhif arni allan o gwdyn i ddynodi pa bwll yr oedd y criw i bysgota ynddo yn ystod yr wythnos. Gwerthid y pysgod yn nhafarn Teifi, eu gosod mewn blychau a'u danfon i ffwrdd ar y trên chwech o Aberteifi i ddinasoedd Llundain a Birmingham.

Roedd yn hen arferiad i gysegru'r afon ar ddechrau'r tymor pysgota ym mis Chwefror. Ar gyfer yr achlysur hwn dôi'r Abad o Abaty Llandudoch i lan y sân ar bwys Tafarn Teifi a sefyll ar ben y Garreg Fendith i fendithio'r pysgota, ond gan fod y pysgotwyr yn griw ofergoelus ac yn teimlo ei bod hi'n arwydd anlwcus i weld dyn mewn gwisg eglwysig ger yr afon, cadwent o'r golwg yn ystod y seremoni hon.

Arferai cyn-brifathro Ysgol Gynradd Llandudoch, Jon Meirion Jones, gynnal y ddefod o gysegru'r afon gyda gwasanaeth o gwmpas y Garreg Fendith, a chyfansoddodd emyn i'w chanu ar yr achlysur. Dyma ddau bennill o'r emyn:

> Fel gweddi ddwys y mynach gynt
> Yn teithio ar gerbydau'r gwynt,
> Gweddïwn am gynhaeaf braf
> Trwy wanwyn gwyrdd a glesni haf.

Pwll Wil y Gof a Phwll y Brig,
O'r rhipyn Coch i lethrau'r wig;
Pwll Nhiwcyn, Cranc a Phyllau Cam,
Nis gwelir mwy dim naid na llam.

Mae afon Teifi wedi newid ei chwrs bellach ac nid yw'n cael ei glanhau fel y dyddiau gynt. Mae rhan fwyaf o'r pyllau a oedd mor gyfarwydd i'r pysgotwyr bellach wedi eu llenwi â llaid; pyllau fel Pwll Niwcyn, Pwll Rhipyn Coch, Pwll Parchus, Pwll Cam, Pwll Nant y Ferwig, Pwll y Brig a Phwll Wil y Gof. Pedwar pwll yn unig sydd ar agor nawr, a does fawr o bysgod ar ôl yn y rheini. Gyda chostau uchel trwydded bysgota a phrinder pysgod yn yr afon, mae llawer o bysgotwyr o'r farn ei bod yn wastraff amser ac arian i godi trwydded erbyn hyn.

Yng nghanol pentref Llandudoch mae yna lecyn hardd ble saif adfeilion yr hen abaty, a gallwch gerdded o'i gwmpas i weld adfeilion y capel a'r gladdgell a'r bwa anferth.

Abaty Llandudoch

Yn fuan wedi diwedd y bumed ganrif, sefydlodd Sant Dogfael gell meudwy ryw filltir o ble saif Abaty Llandudoch. Tyfodd honno'n sefydliad crefyddol, ond fe'i dinistriwyd yn y ddegfed ganrif. Yn 1115, trefnodd Robert Fitzmartin, Arglwydd Normanaidd grymus, i anfon abad a deuddeg mynach o Tiron, Ffrainc, i Landudoch i sefydlu abaty annibynnol. Roedd pwyslais mynachod Tiron ar waith corfforol yn hytrach nag addoli cymhleth. Yn fuan iawn roedd gan Tiron bron i 100 o addoldai yn Ffrainc, ond ni fu'r urdd mor llewyrchus ym Mhrydain. Bu'r abaty'n fangre bwysig iawn, gyda nifer o bererinion yn galw yno, yn cynnwys Gerallt Gymro a'r Archesgob Baldwin yn 1188 ar eu taith o gwmpas Cymru.

Yn eglwys Llandudoch mae'r garreg ag ysgrif Ogam a llythrennau Lladin arni, ac oni bai am y garreg honno, ni fyddai modd i ni heddiw ddeall ystyr ysgrifennu Ogam. Trwy gymharu'r llythrennau Lladin gyda'r Ogam, roedd modd deall yr hen ddull Celtaidd o ysgrifennu.

Abaty Llandudoch

Gyferbyn â'r abaty mae'r felin, sydd bellach wedi ei hatgyweirio, ac mae'n werth troi mewn i weld y felin yn malu. Mae'r melinydd yn barod iawn i ddangos sut mae'r felin yn gweithio, a gallwch brynu bag o flawd gwenith wedi'i falu'n naturiol rhwng y meini. Mae'r felin ar agor i ymwelwyr drwy'r flwyddyn rhwng 10 y bore a 5.30 y pnawn, ond rhwng 2 a 5 y pnawn yn unig ar ddydd Sul.

O bentref Llandudoch ewch ymlaen i draeth Poppit, sydd ar aber afon Teifi. Mae maes parcio mawr, caffi, siop a thŷ bach yma. Mae'r traeth yn dywodlyd ac eang, a cheir mynediad da i'r anabl. Mae'n ddiogel i nofio yn y môr, ond mae'r cerrynt yn gryf o gwmpas aber yr afon pan fydd y llanw ar drai neu pan fydd llifogydd. Dyma ddechrau Llwybr Arfordir Sir Benfro yng ngogledd y sir.

Taith 8: **Y Freni Fawr ac Efail-wen**

Taith: **Y Freni Fawr, Efail-wen**

Man cychwyn: **Blaenffos**
Map OS: **rhif 145 Aberteifi**
Cyfeirnod map: **189 359**

Mae'r daith hon yn gyfuniad o daith gerdded fer i ben un o gopaon mwyaf dymunol gogledd Sir Benfro a thaith car yn yr un ardal.

Cychwynnwch yn ymyl pentref Blaenffos ar yr A478 rhwng Aberteifi a Chrymych. Gallwch barcio ar y llwybr ar y dde gyferbyn â mynedfa Gorsfaith (cyfeirnod map 189 359). Dilynwch y llwybr heibio i'r byngalo ar y dde, dros y gamfa ar y gornel, ac ymlaen i gopa'r Freni Fawr. Mae'r daith hon yn un hyfryd drwy'r grug i gopa'r mynydd lle mae'r awyr yn denau ac yn lân. Mae'r olygfa yn eang ac mae'n werth aros yn hir ar y copa i fwynhau'r wlad o gwmpas: Dyffryn Teifi a Dyffryn Taf, y bryniau pell ac agos, unigrwydd y ffermdai anghysbell, a'r môr ym Mae Trefdraeth a Bae Ceredigion.

Cyfeiriodd y bardd Crwys at y Freni Fawr yn ei gerdd enwog 'Caethglud yr Ebol', ac yn ôl chwedloniaeth y Mabinogi bu Macsen Wledig, y gŵr a ddiffiniodd diriogaeth Cymru gyntaf, yn gwersylla ar lethrau'r Frenni Fawr yn y bedwaredd ganrif.

Y Freni Fawr

O gopa'r mynydd dychwelwch i'r car ar yr un llwybr ac yna gyrrwch tuag at bentref Crymych, ac yna ar yr A478 tuag at Arberth a Dinbych y Pysgod. Y pentref cyntaf y dewch ar ei draws ar ôl Crymych yw Pentregalar. Yno y magwyd T E Nicholas (Niclas y Glais) 1879-1971, bardd, heddychwr, cenedlaetholwr a chomiwnydd.

Niclas y Glais

Roedd T E Nicholas yn Anghydffurfiwr, ac roedd ei gerddi cynnar yn coleddu'r fath syniadau radicalaidd fel iddo orfod rhoi'r gorau i'w yrfa fel gweithiwr fferm. Ymfudodd am gyfnod i America, fel gweinidog yn Dodgeville, ond sylweddolodd nad oedd dyfodol i'r Gymraeg yn yr Unol Dalaethiau, ac felly dychwelodd i ganol cynnwrf diwygiad 1904.

Daeth ei lysenw, Niclas y Glais, o'i gyfnod fel gweinidog yn y Glais yng Nghwm Tawe. Trwy ei brofiadau yn y Glais a Threherbert, yng nghanol tlodi a phrinder, tyfodd gwrthryfel y gwas fferm yn erbyn gormes y tirfeddianwyr yn frwydr y sosialydd yn erbyn cyfalafiaeth. Roedd llawer yn cwyno fod ei bregethau yn rhy wleidyddol i'r pulpud, a bu'n rhaid iddo adael y weinidogaeth. Er hynny, roedd ei bregethau a'i ddaliadau comiwnyddol yn ddylanwadol iawn drwy gydol ei oes. Ar ôl gadael y weinidogaeth bu'n ddeintydd yn Aberystwyth a Llanbryn-mair. Delfryd T E Nicholas oedd cymdeithas gyfartal, ddielw. Brwydrai yn erbyn cyfundrefn grefyddol yn ogystal â gwleidyddol – roedd yr un mor angerddol wyllt yn ei ymosodiad tuag at yr offeiriadaeth ag ydoedd at y frenhiniaeth. Yn ei gyfnod roedd ei syniadau yn radical a dewr, ac fe'i carcharwyd am gyfnod oherwydd ei ddaliadau gwleidyddol. Pan fu farw yn 1971, gwasgarwyd ei lwch ar greigiau'r Preseli, ei ardal enedigol a oedd mor agos at ei galon.

Ewch ymlaen o Bentregalar drwy groesffordd Glandy i Efail-wen. Ychydig lathenni ar y chwith o'r groesffordd yn Efail-wen, mae cofeb sy'n dynodi'r lle y torrodd Twm Carnabwth a Merched Beca y tollborth gyntaf ar 13 Mai, 1839.

Un o arweinwyr Merched Beca oedd Thomas Rees neu Twm Carnabwth. Arweiniodd Twm dyddynwyr yr ardal wedi eu gwisgo fel merched ac wedi pardduo'u hwynebau at glwyd Efail-wen a'i malurio. Cafodd Twm fenthyg ei ddillad gan Beca Fawr o blwyf Llangolman. Dywed rhai mai oddi wrthi hi y daeth yr enw Beca, tra cred eraill mai o adnod yn y Beibl y daeth yr enw.

Merched Beca

Helynt Beca oedd un o'r digwyddiadau mwyaf cyffrous yn hanes Cymru gyda thyddynwyr gorllewin Cymru yn troi at ddulliau terfysg i fynegi eu hanfodlonrwydd. Tlodi oedd un o'r prif resymau dros Derfysg Beca. Roedd rhenti i denantiaid fferm yn uchel, ac roedd y baich o dalu'r degwm i eglwys estron yn pwyso'n drwm ar amaethwyr Anghydffurfiol. Problem arall i amaethwyr oedd yr ymddiriedolaethau ffyrdd a'u tollbyrth niferus o gwmpas y wlad. Cwynai'r ffermwyr fod llawer gormod o dollbyrth ar draws ffyrdd a arweiniai at odynau calch. Ar adeg o galedi ychwanegai hyn yn sylweddol at faich y tyddynwr a'r ffermwr bychan.

Cofeb Efail-wen

Malwyd clwydi a thollbyrth, llosgwyd rhiciau gwair a danfonwyd llythyron bygythiol at ambell dirfeddiannwr neu ynad amhoblogaidd yn ystod y terfysg. Yn 1843 gyrrodd y llywodraeth filwyr a heddlu o Lundain i bron bob pentref yn ne-orllewin Cymru fel ymgais i dawelu'r dyfroedd, ond roeddent wedi cyrraedd yn rhy hwyr i rwystro Merched Beca rhag gwneud eu safiad.

Daeth y terfysgoedd i ben yn 1844 a bu cryn sylw iddynt yn y Senedd. Cafwyd comisiwn gan yr Ysgrifennydd Gwladol i archwilio'r holl sefyllfa, a phasiwyd Deddf Cawdor yn 1844 a arweiniodd at welliannau yn y modd y trefnwyd y ffyrdd a'r tollau. Yn ddiau, bu Merched Beca yn bwysig yn ein hanes i ddangos yr angen am gyfiawnder cymdeithasol a chwarae teg i denantiaid tlawd yn wyneb gormes y tirfeddianwyr.

Gellir gweld bedd Twm Carnabwth ym mynwent Capel Bethel, Mynachlog-ddu. Bu farw Twm yn sydyn tra'n casglu bresych ar gyfer ei ginio, a gofynnodd rhywun i'w wraig beth wnaeth hi wedyn, a'i hateb ffraeth oedd: "agor tun pys!". Dyma'r pennill sydd ar ei garreg fedd:

> Nid oes neb ond Duw yn gwybod
> Beth a ddigwydd mewn diwarnod.
> Wrth gasglu bresych at fy nghinio,
> Daeth angau i fy ngardd i'm taro.

Bedd Twm Carnabwth

Taith 9: **Ardal Waldo**

Taith: **Maenclochog, Penrhos, Gors Fawr, Mynachlog-ddu, cofeb Waldo, Glynsaithmaen**

Man cychwyn: **Maenclochog**
Map OS: **rhif 145 Aberteifi**
Cyfeirnod map: **083 273**

Mae Step Inn, Maenclochog, ychydig lathenni ar y dde o dafarn y Globe, ar y ffordd am Arberth a Llys-y-frân. Yno y ganwyd y pregethwr enwog Jubilee Young, y Cymro cyntaf i draddodi pregeth ar record gramaffon. Gyferbyn â neuadd yr eglwys, Maenclochog, mae hen swyddfa'r heddlu, sy'n cael ei alw heddiw'n *La Bastille*. Dywedir iddo gael yr enw am fod rhai Ffrancod wedi eu carcharu yno adeg y glaniad ym Mhen-caer yn 1797.

O sgwâr pentref Maenclochog trowch i'r chwith wrth Siop y Sgwâr a'r eglwys, heibio i neuadd yr eglwys ar y chwith, i lawr y rhiw, dros y bont, a throi i'r dde am Benrhos. Mae'n daith o tua dwy filltir a hanner ar hyd ffordd gul a throellog. Yno mae'r unig dŷ to gwellt sydd ar ôl yn Sir Benfro.

Tŷ Unnos Penrhos

Codwyd Penrhos ar dir comin mewn un noson. Roedd yn rhaid codi'r tŷ rhwng machlud haul a thoriad gwawr er mwyn i'r adeiladwr allu hawlio'r tir o fewn tafliad carreg neu dafliad bwyell o ddrws y tŷ. Mae'r bwthyn unllawr erbyn heddiw yn amgueddfa, ac er mwyn ymweld mae'n rhaid ffonio 01437 775240 i wneud trefniadau.

Tŷ Unnos Penrhos

Cylch Cerrig Gors Fawr

Trowch yn ôl ym Mhenrhos am bentref Maenclochog. Ar y gyffordd ar waelod y rhiw wrth y bont ym Maenclochog trowch i'r dde am Fynachlog-ddu a Chrymych. Gyrrwch ymlaen a dilynwch yr arwyddion am Fynachlog-ddu am bedair milltir. Ar y chwith mae cylch cerrig Gors Fawr (cyfeirnod map 135 294).

Beth oedd pwrpas y cerrig? Ai man cyfarfod oedd y cylch neu fan lle y byddai'r bobl yn cynnal seremonïau arbennig? Cred rhai fod perthynas rhwng y cerrig sydd yn ffurfio'r cylch a symudiadau'r haul, y lleuad a'r sêr. Ar hyn o bryd ni wyddom i sicrwydd beth yw arwyddocâd y cerrig ond rydym yn gwybod i'r cylchoedd cerrig gael eu ffurfio tua 3000 o flynyddoedd yn ôl gan bobl yr Oes Efydd.

Dywed George Henderson yn ei lyfr *Farming Ladder* fod rhai pobl yn arfer defnyddio cylchoedd cerrig fel rhai Gors Fawr er mwyn eu galluogi i ddweud pa adeg o'r flwyddyn oedd hi, a hyd yn oed pa amser o'r dydd. Mae'n debyg y byddai bugeiliaid yn arfer defnyddio'r sêr a'r cylchoedd cerrig i amseru cyfnod mamogaeth eu praidd. Mae'n ddirgelwch o hyd beth oedd pwrpas y ddwy faen hir sy'n sefyll 100 metr o ganol y cylch cerrig.

Ewch ymlaen am dri chwarter milltir o Gors Fawr am bentref Mynachlog-ddu. Yn y pentref trowch i'r dde am Landisilio ger byngalo Carreg Las, ac ychydig lathenni yn nes ymlaen ar y chwith fe welwch gapel Bethel, Mynachlog-ddu. Yno mae bedd Twm Carnabwth (Thomas Rees), arweinydd cyntaf Merched Beca, yng nghefn y fynwent ar yr ochr dde wrth fynd drwy'r gât. Ar yr ochr chwith i'r capel mae bedd y bardd W R Evans, Glynsaithmaen.

Llai na milltir o gapel Bethel, Mynachlog-ddu ar y ffordd am Landisilio mae chwarel lechi Tyrch. Mae'r chwarel ei hun ar ochr chwith y ffordd, ac ar yr ochr dde roedd y gweithdai, sydd bellach yn adfeilion. Yr hyn sy'n ddiddorol am y chwarel yw fod gweithwyr wedi mynd â thunelli o lechi oddi yno yr holl ffordd i Fangor er mwyn eu defnyddio ar doeau adeiladau'r Brifysgol. Ystyriai pensaer y Brifysgol fod lliwiau ac ansawdd llechi Sir Benfro yn fwy addas na llechi Sir Gaernarfon am eu bod yn cyd-fynd yn well â natur lliwiau'r cerrig a ddefnyddiwyd i adeiladu'r muriau.

Trowch yn ôl ger chwarel Tyrch, gyrrwch heibio i gapel Bethel, cadwch i'r chwith wrth fyngalo Carreg Las ac ewch ymlaen tua'r gyffordd; yno trowch i'r dde am Rosebush. Gyrrwch dros y grid gwartheg ac ymlaen am tua chwarter milltir am dir comin Rhos Fach; yno, ar y chwith, mae cofeb Waldo. Hedd Bleddyn o

Lanbryn-mair fu'n gyfrifol am lunio'r gofeb ac fe'i dadorchuddiwyd gan Eluned Richards, Aberystwyth, ar yr ugeinfed o Fai 1978.

Waldo (1904-1971)
Mur fy mebyd, Foel Drigarn, Carn Gyfrwy, Tal Mynydd,
Wrth fy nghefn ym mhob annibyniaeth barn.

Mae'n amhosibl gwneud cyfiawnder â'r gŵr mawr yma yn y gyfrol hon. Roedd yn fardd, dyngarwr, cenedlaetholwr a thangnefeddwr. Ganwyd Waldo ar y degfed ar hugain o Fedi 1904 yn Nhŷ'r Ysgol, Ysgol y Bechgyn, Hwlffordd; ond symudodd y teulu i fyw i Fynachlog-ddu ym mis Awst 1911. Ganed ei fam yn Lloegr a Saesneg oedd iaith yr aelwyd, er mai Cymraeg oedd iaith gyntaf ei dad. Wrth siarad â bechgyn Mynachlog-ddu y

Cofeb Waldo

dysgodd Waldo siarad Cymraeg, yn hytrach nag yn yr ysgol ac ar yr aelwyd.

Fel y tystia'r cerddi yn y gyfrol *Dail Pren* a gyhoeddodd yn 1956, roedd ei fro enedigol yn hynod bwysig i Waldo, ac yn aml fe'i defnyddiai fel drych o Gymru ehangach. Ceir hefyd yn ei gerddi synnwyr cymdeithasol cryf yn ogystal ag ymwybyddiaeth o le'r unigolyn yn nhrefn pethau.

Athro oedd Waldo wrth ei alwedigaeth. Bu am gyfnodau yn dysgu yn ysgol Dinas, Solfach, Casmael a Botwnnog, Llŷn; yn ogystal ag yn Huntingdon a Wiltshire, ble symudodd yn dilyn marwolaeth ei wraig. Dychwelodd i Sir Benfro yn y man a bu'n athro ar ddosbarth allanol am dair blynedd ar ddeg. Ar ddechrau'r Chwedegau fe'i carcharwyd am wrthod talu'r dreth fel protest yn erbyn gorfodaeth filwrol.

O gofeb Waldo ewch ymlaen ar hyd y ffordd am Rosebush. Tu ôl i chi mae Carn Meini, ar y dde mae Tal Mynydd, ac o'ch blaen Foel Cwmcerwyn. Tua milltir dda o gofeb Waldo ar y chwith, yng nghanol y coed, mae bwthyn Carnabwth. Dyma gartref Thomas Rees, neu Twm Carnabwth, a ddaeth yn arweinydd terfysg Merched Beca. Tŷ unnos, ar ganol y gors, oedd Carnabwth ar y dechrau, ac oddi yno y cerddodd Twm i Efail-wen ar Fai 13, 1839 i chwalu'r dollborth gyntaf, a dechrau terfysg Merched Beca. Mae yna bont garreg unigryw wrth y mynediad i Garnabwth.

O'r bont garreg ewch ymlaen am lai na hanner milltir dros grid gwartheg arall, ac ar y chwith mae fferm Glynsaithmaen, cartref y diweddar W R Evans. Wrth y mynediad i'r fferm mae cofeb i'r bardd. Dadorchuddiwyd y gofeb ar y seithfed ar hugain o Orffennaf 1996 gan wyresau W R Evans, sef Fflur, Siriol ac Erin.

W R Evans (1910-1991)

> I ymuno â'r mynydd
> Yn ddwst dychwelaf, ryw ddydd,
> At ei gôl bentigilydd.

Ganed W R yn 1910 yn Nhan-garn, Mynachlog-ddu, ac fe'i magwyd yng Nglynsaithmaen. Roedd ei dad yn fardd gwlad a chyhoeddodd gyfrol o gerddi. Addysgwyd W R yn ysgol Mynachlog-ddu, Ysgol Ramadeg Aberteifi a Choleg Prifysgol Cymru Bangor. Bu'n athro mewn ysgolion cynradd yn Abergwaun, Bwlch-y-groes a'r Barri, yna bu'n ddarlithydd yng Ngholeg Hyfforddi'r Barri ac yn drefnydd iaith yn Sir Benfro. Daeth yn adnabyddus am ei gerddi digri, ac ef oedd awdur *Pennill a Thonc* a *Hwyl a Sbri*. Enillodd wobrau am ganeuon tafodiaith a chywyddau digri yn yr Eisteddfod Genedlaethol. Ef hefyd oedd arweinydd y parti enwog Bois y Frenni. Cyhoeddodd ei hunangofiant, *Fi yw Hwn,* yn 1980.

Gyferbyn â Glynsaithmaen mae Cerrig Meibion Arthur, sy'n sefyll ar y rhostir. Dyma enghraifft dda o bâr o feini hirion. Mwy na thebyg mai diben defodol neu seremonïol oedd i'r meini hyn, er bod rhai yn nodi man claddu neu fedd.

Taith 10: **Cronfa ddŵr Llys-y-frân**

Taith: **Llys-y-frân**

Man cychwyn: **Cronfa ddŵr Llys-y-frân**
Map OS: **rhif 145 Aberteifi**
Cyfeirnod map: **039 244**

Ceir nifer o arwyddion ffyrdd yn eich arwain at gronfa ddŵr Llys-y-frân, sydd tua thair milltir o bentref Maenclochog.

Adeiladwyd y gronfa ddŵr yn 1971 i gyflenwi dŵr i'r purfeydd olew yn Aberdaugleddau ar gost o £3.3 miliwn. Mae'r argae tua 33 metr o uchder a milltir a hanner o hyd ac yn dal uchafswm o 2004 miliwn o alwyni o ddŵr. Daw nifer fawr o bysgotwyr yma i geisio dal brithyll yr enfys a'r brithyll brown. Mae'n debyg mai brithyll yr enfys pedwar pwys ar ddeg yw'r brithyll mwyaf a ddaliwyd yma, a hynny nôl yn 1980. Gallwch bysgota â mwydyn neu bysgota plu o'r glannau neu o gwch.

Mae siop, caffi a safleoedd picnic yn Llys-y-frân hefyd, ond yr atyniad mwyaf yw'r llwybr sy'n mynd o amgylch y llyn, taith o saith milltir a hanner. Mae angen esgidiau addas i gerdded y llwybr hwn, ac mae'r daith yn cymryd tua thair awr i'w chwblhau.

Parciwch wrth ochr y siop a'r caffi yn Llys-y-frân. Dechreuwch gerdded ar hyd y llwybr, ac i lawr heibio i'r argae a heibio i adfeilion Dan-y-coed, cartref William Penfro Rowlands (1860-1937), cyfansoddwr yr emyn dôn Blaen-

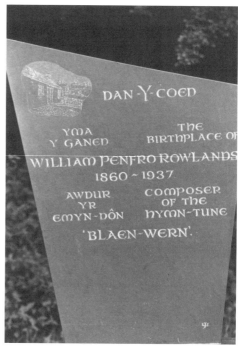

Cofeb William Penfro Rowlands

wern. Ceir cofeb iddo ger yr adfeilion a ddadorchuddiwyd ym mis Mawrth, 1993.

O'r gofeb cerddwch i fyny'r rhiw serth ac i faes parcio arall. Wedi cerdded dwy filltir ar hyd y llwybr, heibio i fraich orllewinol y gronfa, dewch at fynedfa'r goedwig dderi. Mae yno arwydd yn dangos bod pum milltir a hanner i fynd. Yn y fan yma yn aml iawn gallwch weld mulfrain yn sefyll yn y coed yn tacluso'u plu ac yn ymestyn eu hadenydd i'w sychu. Y frân yw arwyddlun y parc gwledig oherwydd amlygrwydd teulu'r frân yn yr ardal, ac yn wir mae cigfrain, brain tyddyn, jac-do, ydfrain a phiod yn amlwg iawn o gwmpas y gronfa ddŵr.

Willian Penfro Rowlands

Yr hydref a'r gwanwyn yw'r adegau gorau i weld adar dŵr, pan fydd yr hwyaid gwyllt, megis y wiwell, yr hwyaid pengoch, yr hwyaid copog a'r hwyaid llygaid-aur i'w gweld. Gwelir yr alarch gwyllt a'r alarch *bewick* yno ambell waith, ynghyd â'r ŵydd fronwen a'r trochydd. Mae adar anarferol megis yr wylan fach, y forwennol ddu, y pibydd bach a'r pibydd torchog wedi eu cofnodi fel adar mudo, gan wneud Llys-y-frân yn gyrchfan i'r gwyliwr adar brwd yn yr hydref.

Yn y goedlan dderi mae'r cudyll glas, y boda, cnocell y coed, sgrech y coed a thelor y coed yn nythu, ac yn y coedydd Sitka yn y gornel ogledd-ddwyreiniol gwelir yn aml y dryw eurben ac adar eraill y coedydd conifferaidd. Gallwch hefyd weld y crychydd yn chwilio am bysgod yn y llyn gydol y flwyddyn. Os byddwch yn lwcus, mae'n bosibl y cewch gip ar famaliaid megis y mochyn daear, y llwynog, y wenci, y ffwlbart a'r wiwer lwyd.

Taith 11: **Ardal Dinas**

Taith: **Pwll Gwaelod, Pendinas, Cwmyreglwys, Dinas**

Man cychwyn: **Pwll Gwaelod ger Dinas, Abergwaun**
Map OS: **rhif 157 Tyddewi a Hwlffordd**
Cyfeirnod map: **004 399**

Rhyw dair millitr yw hyd y daith hon, ac fe ddylai gymryd tua awr a hanner i'w chwblhau.

Mae Pwll Gwaelod tua dwy filltir o bentref Dinas, sydd bedair milltir i'r gogledd o Abergwaun ar yr A487. Dechreuwch gerdded o'r maes parcio ger y traeth a'r dafarn Sailors Safety ym Mhwll Gwaelod. Ar y traeth cul rhwng y creigiau hyn y ffilmiwyd *Moby Dick*. O'r traeth cerddwch i fyny'r rhiw serth, gan ddechrau'r daith o gwmpas Pen Dinas. Mae'r daith o gwmpas y penrhyn yn rhan o Lwybr Arfordir Sir Benfro. Gellir gweld carpedi o flodau gwyllt ar hyd y llwybr, yn enwedig felly clustog mair a gludlys arfor.

Ym mhen eithaf penrhyn Dinas (cyfeirnod map 004 414) mae Grisiau'r Diafol. Mae'r grisiau naturiol, anghyffredin hyn, wedi'u cuddio mewn hollt ddofn yn y graig. Dylai dringwyr a cherddwyr fod yn hynod ofalus wrth fynd atynt. Rhwng Pwll-glas ac Ogof Pig-y-mêl mae nifer o adar y môr yn nythu, megis gwylanod, adar-drycin y graig, mulfrain gwyrdd, llurs, ac ambell i wylog. Mae golygfeydd ysblennydd i'w gweld tuag at Iwerddon a'r Preseli wrth gerdded ar hyd y penrhyn.

Ewch ymlaen i Gwmyreglwys. Dim ond un wal o'r eglwys sy'n sefyll bellach; golchwyd gweddill yr eglwys i'r môr yn ystod storm enbyd a drawodd Cymru a Lloegr ar brynhawn y 25 Hydref 1859. Erbyn y bore canlynol roedd dros 700 o longau mawr a mân wedi'u colli, ac roedd y ddrycin fawr wedi hawlio dros fil o fywydau. Un o'r pentrefi glan-môr a ddioddefodd yn ddrwg iawn oedd Ceinewydd. Yno cafodd nifer fawr o longau eu dryllio a'u

Cwmyreglwys

malu'n yfflon ar y creigiau. Yn ystod y nos, pan oedd y storm yn ei hanterth, maluriwyd y sgwner *Mathilda* o Geinewydd ar greigiau Pendinas ar bwys traeth Cwmyreglwys, a boddwyd pob aelod o'r criw.

Cyn y storm roedd yr eglwys yng Nghwmyreglwys wedi sefyll ar lain o dir uwchlaw'r môr am ganrifoedd, ond ni fedrai'r hen adeilad wrthsefyll cynddaredd tonnau'r môr ar 25 Hydref 1859. Ar y bore canlynol daeth y Ficer a rhai o aelodau'r eglwys ynghyd i edrych ar ddinistr y storm. Roedd y rhan fwyaf o'r eglwys wedi ei golchi ymaith gan y môr ac roedd sawl arch o'r hen fynwent yn nofio ar wyneb y dŵr.

Cerddwch yn ôl o Gwmyreglwys ar hyd y llwybr i Bwll Gwaelod. Mae Parc Cenedlaethol Arfordir Sir Benfro wedi tarmacio'r llwybr o Gwmyreglwys i Bwll Gwaelod, ac mae'n addas i bobl anabl mewn cadeiriau olwyn deithio ar ei hyd. O Bwll Gwaelod gyrrwch i bentref Dinas.

Brwydr Mynydd Carn Dinas

Wedi i'r Normaniaid ennill brwydr Hastings yn 1066 aethant ati i goncro Lloegr a Chymru. Yng Nghymru ar y pryd roedd mân dywysogion yn ymgecru ac yn ymladd ymysg ei gilydd. Manteisiodd y Normaniaid ar hyn gan gefnogi un tywysog yn erbyn y llall, a defnyddio Arglwyddiaethau Cymru er eu budd eu hunain. Ond o ganlyniad i Frwydr Mynydd Carn Dinas unwyd y Cymry o dan reolaeth llinach tywysogion Gwynedd a Deheubarth. Yn y frwydr hon unodd Gruffydd ap Cynan a Rhys ap Tewdwr i ymladd yn erbyn Caradog ap Gruffudd, (a deyrnasai ar Went a Morgannwg), a Trahaearn ap Caradog ap Gwyn, (a oedd wedi trawsfeddiannu Gwynedd).

Yn 1081 glaniodd Gruffydd ap Cynan ym Mhorth-clais ger Tyddewi gyda byddin o Wyddelod a Llychlynwyr. Aeth i Dyddewi, lle cyfarfu â Rhys ap Tewdwr a'i fyddin o Gymry, a'u harwain tua'r gogledd. Cyfarfu gwir dywysog Gwynedd â byddin Trahaearn, Caradog a Meilir ap Rhiwallon ap Cynfyn (tywysog Powys) yn ymyl Mynydd Carn. Ymosododd Gruffydd ap Cynan a'i fyddin yn fuddugoliaethus, gan ladd arweinwyr ei wrthwynebwyr. Newidiodd Brwydr Mynydd Carn gwrs hanes Cymru yn yr Oesau Canol, gan gryfhau safle'r Cymry yn erbyn y goncwest Normanaidd.

Taith 12: **Arfordir Tyddewi**

Taith: **Solfach, Caer-fai, Tyddewi**

Man cychwyn: **Solfach**
Map OS: **rhif 157 Tyddewi a Hwlffordd**
Cyfeirnod map: **801 242**

Solfach

Mae hon yn daith gerdded o tua phum milltir (un ffordd) ar hyd rhan o Lwybr Arfordir Sir Benfro. Dechreuwch yn y maes parcio yn Solfach. Mae pentref Solfach yn un o'r pentrefi bach mwyaf diddorol a thlws yn Sir Benfro. Dydy harbwr Solfach ddim wedi colli dim o'i brydferthwch naturiol, ac mae'n parhau i fod yn llawn o gychod hwylio, cychod pleser llai a chychod pysgota lleol.

Solfach

Odynau Calch

Mae olion y fasnach galch i'w gweld yn amlwg yn Solfach. Cludwyd carreg calch yno mewn llongau, fel llawer porthladd arall o gwmpas y sir, a'i losgi yn yr odynau a godwyd at y pwrpas hwn. Yna deuai'r ffermwyr i'w gyrchu yn eu troliau a'u ceffylau, a'i daenu ar y tir i'w wrteithio. Roedd mwy o odynau yn Solfach nag yn unman arall ar un adeg, pan oedd dwsin ohonynt ar waith yno, ond erbyn heddiw dim ond olion chwech sydd ar ôl. Defnyddiwyd hwy hyd at ddiwedd y bedwaredd ganrif ar bymtheg, pan ddaeth gwrtaith artiffisial yn fwy economaidd. Cludwyd calchfaen ar y môr o Aberdaugleddau, Lawrenni a West Williamston.

Odynau Calch Solfach

Goleudy'r Smalls

Roedd prysurdeb mawr yn harbwr Solfach yn 1775, pan gludwyd llwythi o farrau haearn oddi yno i godi'r goleudy cyntaf ar greigiau'r Smalls. Mae Ynysoedd y Smalls yn glwstwr o greigiau peryglus rhyw ddwy filltir ar hugain o'r arfordir. Drylliwyd nifer fawr o longau a boddwyd cannoedd o forwyr ar y creigiau hyn.

Yn y ddeunawfed ganrif clywodd gwneuthurwr ffidil o Lerpwl, dyn o'r enw Henry Whiteside, am yr holl fywydau oedd wedi eu colli ar greigiau Ynysoedd y Smalls. Priododd Henry ferch tafarnwr o Solfach ac ymgartrefu yno, gan adael ei grefft, a throi ei olygon at oleudai. Ffurfiwyd partneriaeth rhyngddo ef a John Phillips, gŵr a lwyddodd i gael prydles am hanner can mlynedd oddi wrth y goron i godi goleudy ar Ynysoedd y Smalls. Hwyliodd y ddau i archwilio'r creigiau peryglus, ac wedi cyrraedd gwelsant nad oedd ond pedair troedfedd o graig yn y golwg uwchlaw'r môr ar y llanw uchaf, a holl erwinder Môr Iwerydd yn chwipio yn eu herbyn. Adeiladwyd ffrâm y goleudy o farrau haearn wedi eu bolltio at ei gilydd, ond ni fu'n llwyddiant, ac yn ddiweddarach bu'n rhaid newid y barrau am byst deri cedyrn. Roedd yn rhaid i'r holl longau a oedd yn teithio i Lerpwl o America, Iwerddon neu'r Cyfandir basio heibio i greigiau Smalls. Wedi codi'r goleudy gorfodwyd pob llong i dalu ffyrling y dunnell ar ôl docio yn Lerpwl.

Cyflogwyd pedwar dyn lleol i gynnau fflamau'r goleudy, a'r drefn oedd fod dau ddyn yn gweithio mis ar y goleudy, ac yna'n cael mis ar y tir mawr tra bod y ddau arall yn cymryd eu lle. Tua mis Awst 1780 roedd dau ddyn o'r enw Joseph Harry a Thomas Griffiths ar oleudy'r Smalls gyda'i gilydd – ond doedd y ddau ddim yn cyd-dynnu. Roedd y ddau tua'r deg ar hugain oed, ond roeddent yn wahanol iawn i'w gilydd ym mhob ffordd. Roedd Joseph Harry yn fach ac eiddil, tra mai cowper di-waith cydnerth oedd Thomas Griffiths. Arhosai'r dynion ar y goleudy yn disgwyl i'r cwch o'r tir mawr ddod i'w nhôl, a dod â dau ddyn arall i gymryd eu lle. Adeg cyfnewid gofalwyr y goleudy, yn aml iawn byddai'n rhy stormus i groesi, felly roedd yn rhaid i'r dynion aros ar y goleudy nes cael tywydd ffafriol i'r cwch groesi i'w cyrchu adref.

Wrth ddisgwyl am y cwch gwaethygodd iechyd Joseph Harry i'r fath raddau nes y bu farw ar y goleudy. Ni fentrodd Thomas Griffiths ollwng corff ei gydweithiwr i'r môr, am ei fod yn ofni cael ei gyhuddo o lofruddiaeth, felly arhosodd gyda'r corff gan ddisgwyl i'r cwch oedd i fod i'w hachub – ond ni ddaeth y cwch oherwydd y tywydd garw. Llusgodd diwrnod ar ôl diwrnod, wythnos ar ôl wythnos heibio a dim argoel fod y storm yn mynd i ostegu, na'r cwch yn gallu croesi i'w gyfnewid.

Gwnaeth Thomas Griffiths ryw fath o arch i osod corff Joseph Harry ynddi, a oedd erbyn hyn yn cael ei fwyta gan gynrhon. I osgoi'r drewdod llethol, clymodd yr arch y tu allan i'r golau ar y balconi bach a oedd o gwmpas gwydr y llusern. Hyd yn oed y tu allan i'r goleudy doedd Thomas Griffiths ddim yn rhydd o grafangau ei gyd-ofalwr; chwythai'r gwynt yr arch a oedd yn dechrau datgymalu yn erbyn y gwydr. Aeth hyn i gyd yn drech na Thomas, a phan achubwyd ef, roedd wedi gwallgofi. Ers y digwyddiad dychrynllyd hwnnw, sicrhawyd fod tri cheidwad ar bob goleudy yn y wlad.

Dechreuwch gerdded o ben pella'r maes parcio, heibio i'r Clwb Hwylio ac i fyny'r rhiw. Dyma ddechrau'r daith o tua phum milltir ar hyd rhan o Lwybr Arfordir Sir Benfro i draeth Caer-fai, Tyddewi. Wrth gerdded i fyny at y llwybr fe welwch adfeilion y chwe odyn galch ar yr ochr arall i'r afon.

Llwybr Arfordir Sir Benfro

Agorwyd y llwybr yn 1970. Mae'n ymestyn 180 o filltiroedd o draeth Poppit ger Llandudoch, yn y gogledd i Amroth yn y de, ac o'r llwybr hwn gall cerddwyr gwir fwynhau rhai o nodweddion arbennig y parc – y glannau a'u traethau melyn hir, clogwyni uchel, cilfachau tlws a phentrefi hardd glan môr.

Ar ôl cerdded tua milltir a chwarter fe ddewch at ogof Tybaco. Fel mae'r enw yn ei awgrymu, mae yna gysylltiad rhyngddi â smyglwyr. Credir bod twnnel yn arwain o'r fan hon i fferm Llanunwas. 'Grisiau'r Smyglwyr' yw'r enw a roddwyd ar res o risiau a naddwyd yn y graig ger y fwyngloddfa gopor. Ewch ymlaen ychydig eto, ac fe welwch olion tynfad yn y môr. Yn 1986 drylliwyd tri tynfad ar siwrne o Lerpwl, ac mae'r olion i'w gweld yn y bae yn Aber-llong. Y bae nesaf yw Porth-y-rhaw. Roedd yn fae prysur ar un adeg pan oedd melin rawn a ffatri wlân yno. Safodd y felin am 100 mlynedd o leiaf, ond fe'i cauwyd yn 1915. Bu yno odyn galch hefyd ar un adeg.

Ewch ymlaen drwy weundir Comin Morfa i Ffos y Mynach – gellir dilyn y ffos yma o Ogof y Ffos i Benberi. Ar hyd y llwybr fe welwch gloddiau nodweddiadol Sir Benfro lle ceir amrywiaeth o blanhigion, gan gynnwys clustog mair, gludlys arfor, teim, plucen felen a briweg y cerrig.

Ymlaen wedyn i fae Caerbwdi. Yno ceir tywodfaen borffor a ddefnyddiwyd i adeiladu Eglwys Gadeiriol Tyddewi. Yn 1972, agorwyd un o'r chwareli eto i ddarparu digon o gerrig i atgyweirio'r eglwys am yr hanner can mlynedd nesaf. Mae'r ardal rhwng bae Caerbwdi â thraeth Caer-fai yn gynefin i'r frân goesgoch. Aelod prin o deulu'r frân yw'r frân goesgoch, gyda phig a thraed coch, ac mae'n bwydo ar lystyfiant y clogwyni.

O draeth Caer-fai, cerddwch am ychydig dros filltir i ddinas Tyddewi. Dyma'r ddinas leiaf yn y wlad, ac yno y sefydlodd Dewi, ein nawddsant, ei fynachlog yn nyffryn afon Alun yn y chweched ganrif, mewn lle o'r enw Glyn Rhosyn. Dewi Ddyfrwr oedd un enw arno oherwydd ei fod yn byw'n asgetaidd. Roedd Dewi'n fab i Sant, Brenin Ceredigion a Non.

Dim ond copa twr llwyd yr Eglwys Gadeiriol sydd yn y golwg i ddechrau wrth ichi gyrraedd Tyddewi o gyfeiriad Caer-fai, a rhaid cerdded trwy'r heol gul a disgyn tri deg naw o risiau cyn cyrraedd y seintwar – rhoddwyd gris am bob un o erthyglau Credo'r Eglwys.

Pan sefydlodd Dewi ei fynachlog yng Nglyn Rhosyn, ni chafodd wneud hynny'n ddidrafferth. Daeth gwrthwynebiad cryf gan wr o'r enw Boia oedd yn byw uwchben y fynachlog mewn bryngaer; mae olion 'Clegyr Boia' i'w gweld o hyd. Yn ôl Rhygyfarch, awdur 'Buchedd Dewi' ar ddiwedd yr unfed ganrif ar ddeg, bu ymgiprys ffyrnig rhwng y ddau.

Eglwys Gadeiriol Tyddewi

Adeiladwyd yr eglwys gyntaf yn Nhyddewi yn y chweched ganrif, ond llosgwyd yr adeilad hwnnw gan y Llychlynwyr yn 1087. Ailgodwyd yr eglwys ar ôl hyn ac mae rhannau o'r adeilad a welir yno heddiw yn perthyn i'r drydedd ganrif ar ddeg, yr

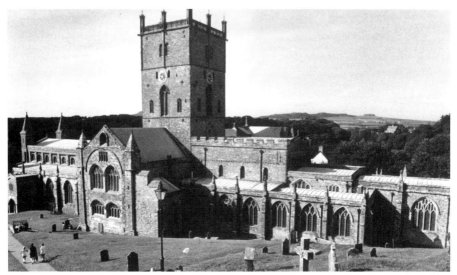

Eglwys Tyddewi

unfed ganrif ar bymtheg, a'r bedwaredd ganrif ar bymtheg. Rhoddodd y Pab
Callixtus II ei sêl ar bererindod i'r seintwar yno yn y ddeuddegfed ganrif, gan
ddatgan bod dwy bererindod i Dyddewi gyfwerth ag un i Rufain. Ymwelodd tri o
frenhinoedd pwysicaf Lloegr â'r eglwys, sef William y Gorchfygwr, Harri II ac
Edward I.

Un o ganlyniadau'r Diwygiad Protestannaidd oedd dinistrio creirfa Dewi Sant.
Ond wrth atgyweirio'r eglwys yn 1860, darganfuwyd esgyrn dynol yn un o'r
muriau, a chladdwyd hwy o dan y llawr. Yn 1920 (blwyddyn datgysylltiad yr
Eglwys Yng Nghymru), gan y tybiai rhai y gallent fod yn perthyn i Dewi Sant,
rhoddwyd hwy mewn cist dderw yn amlwg i bawb eu gweld yng Nghapel y
Drindod y tu mewn i'r eglwys. Dywedir fod bedd Edmwnd Tudur, tad Harri VII,
bedd yr Arglwydd Rhys a llwch Gerallt Gymro ym mynwent yr eglwys yn ogystal.

Fe dâl i chi groesi afon Alun a cherdded i gyfeiriad hen Blas yr Esgob. Cyfrifid
hwn unwaith yn un o'r adeiladau godidocaf yn y wlad.

Capel Santes Non

Tua milltir o ganol Tyddewi ar y ffordd heibio i westy Warpool Court mae
Capel Santes Non. Dywedir i Dewi Sant gael ei eni lle saif Capel Non a'r

ffynnon gysegredig gerllaw'r môr.
Cyfrifir Capel Non yn un o'r eglwysi
Celtaidd hynaf, a gristioneiddiwyd tua'r
chweched ganrif.

Mae'r ffynnon yn un hynod iawn ac
wedi denu nifer o bererinion. Roedd y
ffynnon yn enwog ar un adeg am wella
doluriau llygaid. Tu mewn i Gapel Non
mae yna garreg, a chroes a chylch wedi
ei gerfio'n syml arni. Mae'r garreg yn
dyddio rhwng y seithfed a'r nawfed
ganrif. Mae'n debyg i'r garreg fod yn
rhan o wal ddwyreiniol y capel ar un
cyfnod. Yn y cae lle saif Capel Non fe
welwch bum carreg a dywedir eu bod yn
rhan o gylch cerrig o'r Oes Efydd.

Mae'n werth i chi hefyd droi i mewn
i'r capel bach, Capel y Forwyn Fair a
Santes Non, sydd gerllaw'r mynachdy
cyn gadael y llecyn hardd hwn.

Mae croesau wedi'u gosod yn yr allor
yn y capel, ac mae un garreg wen siâp
calon wedi dod o allor Capel Sant
Padrig. Ceir yma ffenestri lliw hynod
iawn hefyd. Gwelir darlun o Santes Non
yn y ffenestri uwchlaw'r allor, ac mae'r
lleill yn cynrychioli Dewi Sant, Santes
Gwenffrewi, Sant Ffraid a Sant Brynach.
Copi yw'r cerflun o'r 'Forwyn Fair a'r
baban Iesu' sydd i'w weld yn eglwys
Notre Dame de Victoire ym Mharis.

Capel y Forwyn Fair a Santes Non

Cerflun y Forwyn Fair

Taith 13: **Mynydd Morfil a Chas-mael**

Taith: **Twffton, Cas-fuwch, Mynydd Morfil, Cas-mael, Casnewydd-bach**

Man cychwyn: **Twffton**
Map OS: **rhif 157 Tyddewi a Hwlffordd**
Cyfeirnod map: **040 281**

Mae hon yn daith gerdded o tua chwe milltir. Dechreuwch ger tafarn Tufton Arms, Twffton. Mae Twffton tua deng milltir o Hwlffordd ar y B4329 sy'n mynd o Hwlffordd i Aberteifi. Ychydig llai na milltir o sgwâr Twffton ar y ffordd am Hwlffordd, mae fferm o'r enw 'Poll-tax Inn'. Does dim tafarn yno heddiw a go brin fod yna unrhyw gysylltiad rhwng enw'r lle â threth y pen, gan mai 'Palltockes Inne' oedd yr hen enw ar y lle. O groesffordd sgwâr Twffton gyrrwch ar hyd y ffordd gul am Gas-mael a Chas-fuwch, taith o tua milltir a hanner, nes cyrhaeddwch groesffordd Cas-fuwch. Parciwch yno a dechreuwch gerdded ar hyd y ffordd ar y dde am Fynydd Cas-fuwch. Mae'r olygfa i'r chwith o'r ffordd am gwm Cas-mael yn un odidog.

Yng Nghas-mael y bu'r bardd, Waldo Williams yn brifathro am gyfnod ar ddechrau'r Ail Ryfel Byd. Dyma ddyfyniad o gerdd a ysgrifennodd am Weun Cas-mael:

> Mi rodiaf eto Weun Cas' Mael
> A'i pherthi eithin, yn ddi-ffael,
> Yn dweud bod gaeaf gwyw a gwael
> Ar golli'r dydd.
> 'Daw eto'n las ein hwybren hael'
> Medd fflam eu ffydd.

Roedd Waldo'n heddychwr ac yn 1953 daeth yn aelod o'r Crynwyr. Roedd Sir Benfro yn un o ganolfannau pwysig y Crynwyr wrth iddynt ymledu yn ystod canol yr ail ganrif ar bymtheg. Ar un cyfnod, roedd gan y Crynwyr dŷ cwrdd yng

Nghas-mael ac yn 1683 llwyddodd aelodau i sicrhau tir i gladdu eu meirw ar fferm Martel a oedd yn eiddo i deulu'r Simmonds. Fel yn rhannau eraill o Gymru, fe gafodd Crynwyr Sir Benfro eu herlid yn ddidrugaredd a phenderfynodd nifer ymfudo i Pennsylvania.

Wedi cerdded am ddwy filltir dewch at gyffordd, trowch i'r chwith a cherddwch i lawr y rhiw serth drwy gwm Cas-mael, tuag at y pentref.

Y Porthmyn

Chwaraeai porthmyn y ddeunawfed ganrif ran amlwg ym mywyd Cas-mael. Roedd y tir comin a'r dafarn yng nghanol y pentref (sy'n dwyn yr enw 'Drovers' hyd heddiw) yn ei gwneud yn arhosfan atyniadol iddynt hwy a'u gyrrwyr wrth iddynt gerdded anifeiliaid o ardal Tyddewi, Mathri a Threletert i farchnadoedd Lloegr. Cyn gallu ymgymryd â'r gwaith, roedd yn rhaid i bob porthmon gael trwydded flynyddol gan y Llys Chwarter, ac nid pawb oedd yn gymwys i ddal trwydded o'r fath. Roedd yn rhaid i'r gŵr dan sylw fod dros ddeg ar hugain mlwydd oed, yn briod ac yn byw ar ei dir ei hun, yn ŵr cyfrifol yn ei gymdeithas leol ac o gymeriad da.

Gyferbyn ag Ysgol Cas-mael fe welwch yr efail a thŷ'r gof. Yma, gyda'i gynorthwywyr, sef y 'cwympwyr' y byddai'r gof yn pedoli'r gwartheg cyn iddynt ailgychwyn ar y daith. Rhoddwyd dau ddarn o haearn ar ffurf hanner lleuad ar bob carn.

O Gas-mael aed â'r anifeiliaid drwy Eglwyswrw ac am Gastellnewydd Emlyn a Llambed; yna i'r dwyrain a thros fynydd Llanybydder am Lanymddyfri ac yna i Loegr – taith a gymerai rai wythnosau i'w chwblau. Fel arfer, byddai'r porthmyn yn dychwelyd adref mewn criw o ryw hanner dwsin gan fod perygl i ladron pen-ffordd ymosod arnynt a dwyn eu harian.

Yn ddiweddarach roedd modd i'r porthmyn ddefnyddio banciau, a oedd yn llawer mwy diogel. Chwaraeodd y porthmyn ran allweddol yn natblygiad y gyfundrefn fancio, gan sefydlu nifer ohonynt, fel Banc yr Eidion Du, Llanymddyfri a Banc y Ddafad Ddu, Aberystwyth a Thregaron.

Papur punt Banc y Ddafad Ddu

Roedd gan y banc yma nifer o nodau, gyda oen du ar y papur chweugain, dafad ddu ar y papur punt, dwy ddafad ddu ar bapur dwybunt a maharen ddu ar gyfer papur pumpunt.

Evan Rees (Dyfed) 1850-1923

Evan Rees

Yng Nghas-mael y ganed Evan Rees (Dyfed), y bardd a'r pregethwr enwog, a hynny mewn hen fwthyn bach diaddurn o'r enw Bwlch-wil, ar dir Fagwr Frân Uchaf, Cas-mael. Oddi yno, symudodd y teulu o Bwlch-wil i dŷ bychan yn y pentref ei hun o'r enw Pwll y Broga, cyn symud i Aberdâr. Ychydig iawn o addysg a dderbyniodd Evan Rees, ond dangosodd ei ddawn fel bardd pan yn ifanc iawn gan ddod i amlygrwydd yn eisteddfodau Alban Hefin ac Alban Elfed. Symudodd i Gaerdydd yn 1876 ac yn ddiweddarach dechreuodd bregethu; cafodd ei ordeinio yn 1884.

Enillodd y gadair yn yr Eisteddfod Genedlaethol bedair gwaith rhwng 1884 ac 1901, ond hwyrach mai coron ei holl lwyddiannau oedd cipio cadair Eisteddfod Ffair y Byd, Chicago, yn 1893 am awdl ar y testun 'Iesu o Nazareth'. Cyhoeddodd yn ogystal bedair cyfrol. Yn dilyn marwolaeth Hwfa Môn yn 1906 daeth yn Archdderwydd Gorsedd y Beirdd.

Ar sgwâr Cas-mael mae cofeb i Dyfed. O ganol y pentref, cymerwch y ffordd yn ôl i Gas-fuwch yn ôl at eich car. Ar y ffordd honno gallwch weld olion yr hen reilffordd a oedd yn arfer rhedeg o Rosebush a Maenclochog, drwy Gas-mael a Chasnewydd-bach am Dreletert ac yna Abergwaun. Daeth y trên cyntaf i Gas-mael ar 14 Mawrth 1895.

Tair milltir o Gas-fuwch, drwy Gas-mael mae pentref Casnewydd-bach. Mae'n werth ymweld â thafarn y Swan a'r eglwys yn y pentref.

Eglwys Sant Pedr

Codwyd yr adeilad yn ei ffurf bresennol rhwng 1870-5, ac mae'r aelodau wedi bod yn brysur yn ei adnewyddu a'i addurno oddi ar 1990. Un o nodweddion mwyaf trawiadol yr eglwys yw ei ffenestri lliw. Gwaith Roy Lewis yw'r ffenestr uwchben yr allor a osodwyd yn y chwedegau. Credir mai dim ond un eglwys arall yn y wlad sydd ag esiampl o'i waith, a chomisiynwyd Caroline Loveys o Berkshire i gynhyrchu'r pum ffenestr arall sy'n portreadu Bywyd Crist mewn ffordd drawiadol, ffres. Cafodd y ffenestri hyn eu cysegru gan Esgob Tyddewi ym mis Mai 1996.

Ffenestr ddwyreiniol Eglwys Sant Pedr

Barti Ddu

Barti Ddu

Mae pentref Casnewydd-bach wedi ei anfarwoli fel man geni un o'r môr-ladron mwyaf adnabyddus a fu erioed. Dim ond am gyfnod byr iawn y bu Barti Ddu, neu Bartholomew Roberts ar y môr ond yn ystod y cyfnod hwnnw (yn fras, rhywle rhwng 1718 ac 1720) enillodd gryn enwogrwydd iddo'i hun fel un a blanai braw a dychryn yng nghalonnau morwyr – ac un a wnaeth ei ffortiwn yn ysbeilio.

Roedd dechrau'r ddeunawfed ganrif yn rhyw fath o oes aur i'r môr-ladron, ond yn ddamweiniol bron y daeth Barti Ddu yn fôr-leidr. Daliwyd y llong yr oedd Barti Ddu yn ail fêt arni gan fôr-ladron yn 1718, a dewisodd ymuno â nhw, a hynny o dan gapteiniaeth Cymro arall, Hywel Dafis.

Fodd bynnag, rhyw chwe wythnos wedi i Barti Ddu ymuno â'i griw fel mêt cyntaf, lladdwyd Hywel Dafis a chafodd Barti Ddu ei ddewis i fod yn gapten ar y llong honno. Dial am farwolaeth Hywel Dafis oedd flaenaf ar feddwl Barti Ddu, ac wedi gwneud hynny, parhaodd â chyfres o ymgyrchodd didostur. Yn wir, mae sôn i rhyw bedwar cant o longau ildio i'w ymosodiadau arswydus ac iddo gasglu ffortiwn enfawr o £51 miliwn mewn aur yr unig. Afraid dweud bod llawer yn ysu am gael ei erlid, gan gynnwys y Brenin Siôr I, ac yn dilyn brwydr galed oddi ar arfordir Guinea yn yr Affrig yn 1722, saethwyd Barti Ddu yn ei wddf dan orchymyn Capten Ogle o'r llynges Brydeinig.

Taith 14: **Abergwaun a Phwllderi**

Taith:	**Cwm Abergwaun, Abergwaun, Wdig, Penrhyn Strymbl, Pwllderi, Aber-bach, Aber-mawr, Tre-gwynt**
Man cychwyn:	**Cwm Abergwaun**
Map OS:	**rhif 157 Tyddewi a Hwlffordd**
Cyfeirnod map:	**964 372**

Taith car o ryw 15 milltir yw hon. Dechreuwch yng Nghwm Abergwaun sydd ryw filltir o Abergwaun ar yr A487 am Drefdraeth ac Aberteifi. Mae'n werth parcio yn y maes parcio wrth aber afon Gwaun yng Nghwm Abergwaun, ac yna rhoi tro o gwmpas yr harbwr cysgodol a arferai fod yn ganolbwynt y diwydiant pysgota yn yr ardal. Roedd yno adeiladau arbennig ar gyfer halltu a thrin ysgadan/pennog yn ogystal â chyfleusterau i drwsio cychod.

Yno y ffilmiwyd *Dan y Wenallt (Under Milk Wood)* gyda'r sêr Richard Burton, Elizabeth Taylor, Peter O'Toole a Ryan Davies yn 1971. Mae lluniau o Richard Burton a Ryan Davies ar waliau tafarn y Ship yn y cwm.

Cwm Abergwaun

O'r cwm, gyrrwch i fyny'r rhiw serth i dref Abergwaun. Pe byddech yn cerdded o gwmpas Abergwaun rhyw bum can miliwn o flynyddoedd yn ôl, byddech yn crwydro ymysg creigiau a ffurfiwyd allan o lafa poeth a lludw mynyddoedd tân yr oes Ordoficaidd. Cerfiwyd bae Abergwaun o'r siâl meddal Ordoficaidd gan adael y creigiau caletach – y reioleit, y lafa a'r lludw folcanig i ffurfio'r tir uchel i'r gorllewin ac i'r dwyrain o'r bae.

Fel yr awgryma'r enw Saesneg, Fishguard, mae gan Abergwaun gysylltiadau hir â'r diwydiant pysgota, ac yn arbennig â physgota ysgadan. Yn 1748 honnwyd bod trigolion Abergwaun a Threfdraeth rhyngddynt yn halltu mil o gasgenni o ysgadan y flwyddyn. Câi'r ysgadan eu gwerthu ar lan y cei fesul mwys – yr enw lleol ar fesur o 520 o bysgod.

Yn y ddeunawfed ganrif roedd masnach brysur allforio ysgadan rhwng Abergwaun ac Iwerddon, Bryste, a hyd yn oed Môr y Canoldir, a chludid ysgadan Abergwaun mewn costreli ar gefn ceffylau i farchnadoedd Henffordd ac Amwythig. Câi'r ysgadan ei halltu i wneud ysgadan gwyn a'i sychu mewn mwg i wneud ysgadan coch. Roedd ysgadan ffres hefyd yn cael ei werthu ar strydoedd Abergwaun a'r pentrefi cyfagos, bob tro yn sŵn y gri "Sgadan Abergwaun".

Ewch ymlaen o Abergwaun am Wdig hyd at y Parrog (rhodfa ar lan y môr) ar waelod y rhiw. Hanner ffordd ar hyd y Parrog mae'r garreg sy'n cofnodi'r union fan lle'r ildiodd y Ffrancod ym mis Chwefror 1797. Ar y Parrog hefyd mae mosaic deniadol dros ben yn portreadu stori 'Glaniad y Ffrancod' yn gywrain iawn, a mosaic arall sy'n ein hatgoffa fod *Dan y Wenallt* a *Moby Dick* wedi eu ffilmio yno.

Mae'r trydydd mosaic yn dangos gweithgarwch morwrol Abergwaun ac Wdig: y porthladd a'r llongau sy'n teithio i Iwerddon. Pan agorwyd harbwr Abergwaun yn 1906, roedd tri chwmni yn rhedeg tri gwasanaeth gwahanol i Iwerddon. Roedd gan GWR dair stemar yn hwylio i Waterford; roedd gan y City of Cork Steam Packet Co. (B&I yn ddiweddarach) ddwy long yn hwylio o Abergwaun i Gorc; tra roedd gan y Fishguard and Rosslare Railways and Harbour Co. bedair stemar yn hwylio rhwng Abergwaun a Rosslare. Parhaodd y tri chwmni i hwylio o Abergwaun i Iwerddon tan 1968 pan symudodd B&I i Abertawe, a daeth y gwasanaeth i Wexford i ben yn 1978. Erbyn hynny roedd porthladd Abergwaun wedi ei foderneiddio i ddarparu gwasanaeth llongau *roll-on roll-off* hwylus. Mae'r gwasanaeth rhwng Abergwaun a Rosslare bellach o dan ofal cwmni Stena Sealink.

Ar 30 Awst 1909 ymwelwyd ag Abergwaun am y tro cyntaf gan ager-long anferth cwmni Cunard, y *Mauretania*. Ar ôl torri pob record am hwylio o Efrog Newydd i Queenstown yn Iwerddon, angorodd y *Mauretania* yr ochr draw i'r mor-fur yn Abergwaun i sŵn cymeradwyaeth y dorf a saliwt gynnau Gwylwyr y Glannau. Gwibiodd tair tendar at y *Mauretania*, un i ddadlwytho'r 897 o fagiau post, un i gludo'r teithwyr a'r drydedd i gasglu'r bagiau. Brysiwyd y teithwyr a oedd yn mynd i Lundain drwy'r tollau a gadawodd y trên cwch cyntaf o Abergwaun am 14.52, dim ond awr a hanner ar ôl i'r *Mauretania* angori. Cyrhaeddodd y teithwyr ben eu taith yn Paddington am 19.28. Felly, o gyfuno cyflymder y *Mauretania* ac effeithiolrwydd GWR yn Abergwaun, cafwyd y siwrnai gyflymaf erioed rhwng Efrog Newydd a Llundain.

Denys Corbett Wilson

Mae'r mosaic ar y Parrog hefyd yn portreadu hanes Denys Corbett Wilson. Ar 22 Ebrill 1912 hedfanodd Denys Corbett Wilson o Brydain i Iwerddon – y dyn cyntaf i wneud hynny, a hynny ddim ond ychydig ddyddiau ar ôl i beilot arall gael ei ladd wrth geisio cyflawni'r un gamp. Ar ôl esgyn i'r awyr ger Pencw, Wdig arafwyd awyren *Bleriot* Corbett Wilson gan gawod drom o law a niwl, ond wedi taith o awr a deugain munud glaniodd yn ddiogel mewn cae ger Enniscorthy, Wexford. Ni chafodd Corbett Wilson fawr o gydnabyddiaeth na sylw am ei orchest ar y pryd gan i'r *Titanic* suddo wythnos ynghynt. Bu farw Corbett Wilson dair blynedd yn ddiweddarach tra oedd ar gyrch casglu gwybodaeth yng Ngwlad Belg.

Gyrrwch o harbwr Wdig i fyny'r rhiw serth am y pentref. Ewch ymlaen drwy'r stad dai a heibio i'r arwydd Ysgol Wdig ar y dde. Ar ôl teithio llai na milltir, cadwch i'r chwith a dilyn yr arwyddion am Benrhyn Strymbl. Wedi gyrru am dri chwarter milltir, trowch i'r dde ar y gyffordd, a dal i ddilyn yr arwyddion am Benrhyn Strymbl. Ewch ymlaen drwy Bontiago, heibio i fferm Brestgarn ar y chwith ac o fewn hanner milltir arall mae ffermdy Trehywel ar y dde. Ar y gyffordd nesaf cadwch i'r dde, ac fe welwch Benrhyn a goleudy Strymbl filltir o'ch blaen. Mae lle i barcio ger y goleudy. Cerddwch dros y bont sy'n cysylltu'r pentir â'r goleudy. Dyma'r darn tir agosaf at Iwerddon yng Nghymru.

Yn ddiweddar, agorwyd Canolfan Gwylio Adar ger goleudy Strymbl. Mae'r safle hanner ffordd i lawr y rhiw o dan y maes parcio – man delfrydol i wylio holl adar y môr a'r adar sy'n ymfudo yn eu tro. Ceir creigiau caled igneaidd sy'n 3,500 troedfedd o drwch ar Benrhyn Strymbl, a gellir gweld yr hyn a elwir yn 'lafa clustog' ger maes parcio'r goleudy yno. Cafodd y lafa a oedd yn llifo o fynyddoedd tân o dan y môr ei oeri gan ddŵr y môr, ac o ganlyniad edrychai'n debyg i glustogau. Lleolir un o dyllau'r mynyddoedd tân ger Fferm Caer-lan ar Benrhyn Strymbl.

Trowch yn ôl ym maes parcio Goleudy Strymbl a gyrru ymlaen am dair milltir, gan ddilyn yr arwyddion am Bwllderi. Gyrrwch heibio i garreg goffa Dewi Emrys. Parciwch wrth yr hen ysgol sy'n Hostel Ieuenctid YHA bellach. Mae Pwllderi wrth odre Garn Fawr. Yn yr hydref, pan fydd y tyfiant yn marw'n ôl, gwelir olion tai crwn o Oes yr Haearn ar Garn Fawr. Mae colofnau hecsagonal anferth o ddolerit (math o graig igneaidd) i'w gweld o gwmpas Garn Fawr hefyd.

Gyferbyn â'r hen ysgol, ar dir fferm Dolgar, mae twlc crwn. Waliau cerrig sychion sydd i'r adeilad – cwrs ar ben cwrs o gerrig a'r cylch yn lleihau bob tro, gyda charreg glo ar ben yr adeilad i gloi'r gwaith at ei gilydd. Mantais fawr y math

Twlc moch Dolgar

65

hwn o adeilad oedd nad oedd
angen dim ond cerrig at y gwaith
– a hynny mewn ardal lom ei
choed. Cred rhai haneswyr mai
cell meudwy ydoedd yn wreiddiol.

Cerddwch yn ôl tuag at garreg
goffa Dewi Emrys lle gwelwch
olygfa hyfryd o Bwllderi a'r
arfordir yn ymestyn am Dyddewi.
Yn ôl y garreg goffa, 1879 yw
blwyddyn geni'r bardd ond mewn
gwirionedd 1881 ydoedd! Codwyd y

Carreg goffa Dewi Emrys

gofgolofn gan Gymdeithas y
Fforddolion, a does neb yn gwybod yn iawn sut y cymysgwyd blwyddyn ei eni.
Serch hynny, Dewi Emrys yw un o feirdd enwoca'r fro, ac er mai yng
Ngheinewydd y'i ganwyd, ym mro Pen-caer y mae gwreiddiau'r bardd.

Dewi Emrys

Yn fuan wedi geni Dewi Emrys (David Emrys James) symudodd ei dad, y
Parch. T Emrys James, gweinidog gyda'r Annibynwyr i ofalu am Eglwys
Rhosycaerau, Pen-caer. Yno y treuliodd Dewi flynyddoedd ffurfiannol ei
fywyd. Aeth i Ysgol Gynradd Henner, Ysgol Baratoi Jenkins, Abergwaun ac
Ysgol Uwchradd Abergwaun. Prentisiwyd ef wedyn yn gysodydd a
newyddiadurwr yn swyddfa'r *County Echo*, ac oddi yno aeth ymlaen i
swyddfa'r *Carmarthen Journal* yng Nghaerfyrddin. Yng nghapel Heol Awst,
Caerfyrddin, y dechreuodd bregethu, gan baratoi ei hun yn ddiweddarach
ar gyfer y weinidogaeth drwy barhau ei addysg yn ysgol yr Hen Goleg a'r
Coleg Presbyteraidd.

Yn 1905 aeth yn weinidog ar Eglwys Rydd y Cymry yn Lerpwl, a bu'n
weinidog wedyn yn Nowlais a Bwcle, Sir Fflint, gan ddatblygu'n bregethwr
grymus a gafaelgar. Ym Mwcle, gosododd ffôn yn y pulpud fel y gallai
glowyr wrando ar ei bregethau mawr o dan y ddaear. Wedi cyfnod pellach
ym Mhontypridd a Llundain, gadawodd y weinidogaeth i fynd yn filwr yn
y Rhyfel Mawr. Rhwygwyd ei fywyd teuluol yn y cyfnod hwn, a bu'n byw

yn o ansefydlog tan 1941. Tra'n byw yn Llundain mynegodd ei hiraeth am Gymru mewn englyn campus:

O dirion Dad, arwain Di – fy enaid
I'th fwynaf oleuni.
Rho heulwen bro fy ngeni
O'r niwl mawr yn ôl i mi.

Bu'r blynyddoedd rhwng y ddau ryfel yn rhai ffrwythlon iddo o ran barddoni a chystadlu. Enillodd Goron Eisteddfod Genedlaethol Abertawe 1926 am ei gerddi 'Rhigymau'r Ffordd Fawr', ac yn yr un eisteddfod rhannodd y wobr am ei gerdd dafodieithol enwog, 'Pwllderi'. Dyma ran yn unig o'r gerdd:

Rown i'n ishte dwe uwchben Pwllderi,
Hen gartre'r eryr a'r arth a'r bwci.
Sda'r dinion taliedd fan co'n y dre
Ddim un llefeleth mor wyllt yw'r lle.
All ffrwlyn y cownter a'r brethin ffansi
Ddim cadw'i drâd uwchben Pwllderi.

Mae'n gerdd ryfeddol sy'n dal iaith yr ardal ac awyrgylch a gwylltineb yr arfordir yn well na dim a ysgrifennwyd erioed. Enillodd y bardd gadair Eisteddfod Lerpwl yn 1929 a Llanelli yn 1930 am ei awdl fawr 'Y Galilead'. Dychwelodd i'r ardal ac ymsefydlu yn Nhalgarreg yn 1941 gan ailgydio mewn pregethu a darlithio, ac enillodd ddwy gadair genedlaethol arall. Wedi ennill serch ei bobl, bu farw yn Aberystwyth yn 1952.

Islaw Pwllderi mae Trefaser, a oedd yn gartref i'r Esgob Asser a ysgrifennodd hanes y Brenin Alfred yn yr wythfed ganrif.

O Bwllderi gyrrwch heibio i Felindre a dilynwch yr arwyddion am Aber-bach, Aber-mawr a ffatri wlân Tre-gwynt.

Ar ddechrau'r ganrif ddiwethaf roedd dros un felin ar bymtheg yn yr ardal gyda rhyw bum melin ddŵr o wahanol fath yn cael eu troi gan yr un afonig fach.

Tua milltir i lawr y ffordd o Felindre mae dau draeth, Aber-bach ac Aber-mawr. Ym mis Tachwedd 1986 ceisiodd rhywrai smyglo canabis i mewn i'r wlad drwy draeth Aber-bach. Daliwyd y dynion wrthi yn glanio'r cyffur ar y traeth unig a thawel yma. Mae smyglo yn hen draddodiad ar arfordir Sir Benfro wrth gwrs, ac mae llawer stori am ddefnyddio'r traethau bach a'u hogofâu at y pwrpas hwn.

Gerllaw traethau Aber-bach ac Aber-mawr mae ffatri wlân Tre-gwynt, ac mae yna fynegbost i'ch arwain yno. Mae croeso bob amser yno i weld y ffatri'n gweithio.

Ffatri Wlân Tre-gwynt

Gwneud edafedd oeddynt yn y ffatri ar y dechrau, ei nyddu o'r gwlân a oedd gan ffermwyr yr ardal gan ddefnyddio gwyddiau llaw.

Gwyddom mai gwehydd wrth ei grefft oedd yr emynydd William Lewis, Aber-mawr, ond nid ydym yn siŵr ai o gartref y gweithiai. Bu William Lewis yn aelod ffyddlon yn Llangloffan am flynyddoedd maith a chenir o hyd rai o'i emynau gan gynulleidfaoedd Cymru:

Yn 1912 daeth gŵr o'r enw Henry Griffiths i Dre-gwynt o ardal Efail-wen. Newidiodd y gwyddiau llaw am *power looms*. Deuai'r pŵer i'r rhain o'r rhod ddŵr, y rhod hon oedd yr unig bŵer yn y ffatri hyd 1945, pan ddaeth injan ddisl; trydan sy'n gwneud y gwaith i gyd erbyn hyn wrth gwrs.

Prif gynnyrch y ffatri yn nyddiau Henry Griffiths oedd gwlanen a chrysau gwlanen. Arferai Henry a'i frawd fynd i Sir Forgannwg unwaith y flwyddyn i werthu'r crysau gwlanen i'r glowyr. Ond daeth blynyddoedd y dirwasgiad rhwng 1926 a 1932, gan roi diwedd ar gynhyrchu'r wlanen. Newidiwyd y gwyddiau am rai lletach er mwyn gwneud brethyn lletach ar gyfer dillad a charthenni. Mae ffatri wlân Tre-gwynt yn enwog dros y byd am ei brethyn, ei blancedi a'i charthenni.

Taith 15: **Trefdraeth a Charn Ingli**

Taith: **Trefdraeth, Carn Ingli, Cilgwyn**

Man cychwyn: **Trefdraeth**
Map OS: **rhif 145 Aberteifi**
Cyfeirnod map: **059 392**

Dechreuwch ar y daith (3 milltir) wrth dafarn y Llew Aur, Trefdraeth. Mae Trefdraeth yn fwrdeistref er 1240 ac yn un o'r bwrdeistrefi hynaf yn y wlad. Poblogaeth Trefdraeth yw tua 1200, ac mae'r dref yn dibynnu'n helaeth ar y diwydiant ymwelwyr. Yno mae un o dai bwyta gorau Sir Benfro, sef Y Cnapan, ac mae yno hefyd gwrs golff 9 twll, clwb hwylio, dau gwrt tenis, clwb rygbi yn ogystal â thafarnau. Mae dau draeth yn Nhrefdraeth, Traeth Mawr a Traeth Bach, gydag afon Nyfer yn eu gwahanu.

Codwyd y castell yn 1195 gan William de Turribus a briododd Angharad, merch Rhys ap Gruffudd. Atgyweiriwyd y castell yn 1859, a chodwyd yr adran annedd sydd i'w gweld heddiw ar yr un pryd. Hen sedd Arglwydd Cemais yw'r castell – nid oes gan yr un Arglwydd arall y tu allan i Gemais yr hawl i ddewis maer tref bob blwyddyn, a phenodir y maer yn Llywydd y Llys. Wrth ymyl y castell mae eglwys y Santes Fair o gyfnod y Normaniaid. Yno, dafliad carreg o'r castell a'r eglwys mae Ffynnon Gurig a Chapel Curig.

Y Llien Gwyn

Sefydlwyd papur bro Abergwaun a'r cylch, *Y Llien Gwyn,* ym mis Hydref 1979. Ysgrifennodd Gareth Francis, a oedd yn brifathro Ysgol Gynradd Maenclochog ar y pryd, erthygl wych yn olrhain hanes enw'r *Llien Gwyn* yn y rhifyn cyntaf, ac mae gan yr enw gysylltiad â phentref Trefdraeth. Fe ddaeth yr ymadrodd 'i lanw'r llien gwyn' o gân a oedd yn cael ei chanu gan forwyr o Gymru ar y llongau hwyliau rhyw gan mlynedd yn ôl.

Cerddwch ychydig lathenni o'r Llew Aur, trowch i'r chwith ar hyd y ffordd am y cwrs golff a Traeth Mawr, ac ar y chwith yng nghanol stad o fythynnod newydd mae cromlech Carreg Coetan Arthur, sydd yn werth ei gweld.

Er mwyn cyrraedd Carn Ingli, teithiwch ar yr A487 i gyfeiriad Aberteifi, gan droi i'r dde ychydig lathenni o dafarn y Llew Aur a theithio am Gilgwyn a Chwm Gwaun. Gyrrwch am tua dwy filltir nes dod at dŷ ar yr ochr dde o'r enw 'New England', cadwch i'r dde gan fynd dros y grid gwartheg ac ymlaen nes dod at le parcio ar y chwith.

Cerddwch i fyny'r llwybr ac anelu at ddau biler gweddol fawr. Uwchben y pileri mae yna goeden unig, ac o dan y goeden mae llechen las-biws â llun bwncath wedi ei gerfio arni. Cerddwch ymlaen, a chadw i'r dde gan ddilyn y llwybr defaid sy'n arwain yn igam-ogam i ben Carn Ingli. Mae olion

Carreg Coetan Arthur

hen gaer ar y copa a dywedir i'r mynydd gael ei enw am fod Sant Brynach yn arfer dringo i'w gopa i siarad a chyfathrachu â'r angylion. Ar Garn Ingli cewch brofi 'blas y cynfyd' a golygfa wefreiddiol rhwng y môr a'r mynydd.

O Garn Ingli fe allwch gerdded ar hyd y rhostir drwy'r grug tuag at Fedd Morus. Cofiwch gadw llygad ar y tywydd – gall y niwl ddisgyn yn gyflym yn yr ardal hon.

Gyrrwch yn ôl a chadw i'r dde wrth y tŷ o'r enw 'New England', ac ymlaen am

Carn Ingli

Gilgwyn i weithdy ac amgueddfa fach 'Canhwyllau Cilgwyn'. Cewch groeso cynnes iawn yno gan Inger John, perchennog y gweithdy a'r amgueddfa. Dangosir i chi sut i wneud canhwyllau â llaw yn y gweithdy, ac mae arogl hyfryd yno oherwydd yr olew arbennig sy'n cael ei ddefnyddio i wneud canhwyllau persawrus. Drws nesaf i'r gweithdy mae'r amgueddfa leiaf ym Mhrydain, sy'n cynnwys arddangosfa o hanes y traddodiad o wneud canhwyllau, llawer o ganwyllbrennau, llyfrau ac offer yn ymwneud â chanhwyllau.

Taith 16: **Hwlffordd a'r Cyffiniau**

Taith: **Wystog, Melin Wlân Wallis, Tŷ Scolton a'r Amgueddfa, Hwlffordd, Uzmaston**

Man cychwyn: **Wystog**
Map OS: **rhif 157 Tyddewi a Hwlffordd**
Cyfeirnod map: **022 256**

Dechreuwch ym mhentref Wystog. Mae Wystog rhwng Eglwyswrw a Hwlffordd ar y B4329. Ym mhentref Wystog mae capel cyntaf y Methodistiaid yn Sir Benfro, a godwyd yn 1754. Trowch i'r dde yn Wystog a theithio am filltir i bentref Wallis. Yno mae melin wlân 'Wallis Woollen Mill', lle maen nhw'n lliwio cnu â defnyddiau naturiol, er enghraifft, cen coed, dail a chroen nionod/winwns.

Gyrrwch yn ôl i Wystog a theithio ymlaen am dair milltir a hanner tuag at Hwlffordd, ac ar y dde mae Parc Gwledig ac Amgueddfa Scolton.

Amgueddfa Scolton
Plasty urddasol o'r 1840au yw Tŷ Scolton wedi'i leoli mewn trigain erw o dir. Mae'r ystafelloedd hyfryd wedi'u dodrefnu a'u haddurno yn union fel y byddent ar ddechrau'r ganrif. Ceir hanes y tŷ mewn arddangosfa yn y seler, sydd hefyd yn disgrifio sut yr oedd y cartref

Trên 'Margaret', amgueddfa Scolton

gwledig hwn a'i stad yn cael ei reoli. Tu mewn i'r tŷ mae arddangosfa o ddillad, dodrefn, lluniau a meddyginiaethau o'r cyfnod Georgaidd.

Defnyddir yr hen stablau i arddangos crefftau gwledig, offer y crydd ac offer y gof a'r saer troliau. Yn neuadd arddangos Amgueddfa Scolton fe welwch arddangosfa o hanes Sir Benfro. Mae yna drysorau yn y casgliad, gan gynnwys offer archeolegol cyn-hanes, hen offer amaethyddol ac offer diwydiannau a rheilffyrdd lleol. I selogion trenau mae'r hen drên stêm 0.6.0. S.T. 'Margaret' i'w gweld yno – fe'i hadeiladwyd yn y flwyddyn 1878.

Mae yna lwybr natur yn ymyl yr amgueddfa – taith o tua milltir a hanner sy'n dechrau a gorffen wrth y plasty. Mae'r llwybr yn rhedeg drwy goed a thir plasty Scolton, lle ceir llawer o goed conifferaidd a choed collddail aeddfed. Mae modd cael arweinydd swyddogol i'ch arwain ar hyd y llwybr natur, ond mae'n rhaid trefnu hyn ymlaen llaw.

Gyrrwch ymlaen o Scolton am Hwlffordd. Trowch i'r dde wrth adael plasty Scolton a dilyn y B4329. Mae nifer o gylchfannau yn nhref Hwlffordd. Gyrrwch o gwmpas y cylchfannau am ganol y dref i Sgwâr y Castell a'r Stryd Fawr. Hanner ffordd i fyny'r Stryd Fawr trowch i'r dde wedi pasio siop *County Clothes*. Cadwch i'r dde ac i'r maes parcio. Mae'r castell uwchben y maes parcio.

Castell Hwlffordd

Castell Hwlffordd

Credir bod castell Hwlffordd wedi'i adeiladu gan Gilbert de Clare tua 1100. Goresgynnwyd y castell gan Gruffydd ap Rhys yn 1136, ac yn 1220 llosgwyd y dref hyd at furiau'r castell gan Llywelyn ap Iorwerth. Llwyddodd y castell i wrthsefyll gwarchae gan Owain Glyndŵr a'i filwyr o Ffrainc yn 1405.

Ar ôl esgyniad Harri VII i'r orsedd yn 1485 rhoddwyd y castell i'w ewythr, Jasper Tudor, Iarll Penfro, ac wedi ei farwolaeth ef yn 1495 daeth y castell yn eiddo i Harri VIII. Bu Anne Boleyn yn Ardalyddes Penfro yn ystod ei deyrnasiad ef.

Adnewyddwyd y castell yn ystod y Rhyfel Cartref, a newidiodd ddwylo nifer o weithiau tan iddo gael ei gipio am y tro diwethaf yn 1645 gan filwyr Cromwell. Yn 1648 gorchmynnodd Oliver Cromwell i faer y dref ddinistrio'r castell, ond ni ymdrechwyd rhyw lawer i wneud hyn, ac mae'r hen gastell yn dal i sefyll.

Yn y ddeunawfed ganrif bu'r castell yn garchar ac yna'n bencadlys yr heddlu, ond erbyn hyn amgueddfa ac archifdy'r sir sydd o fewn y muriau.

Yn Hwlffordd mae gweithdy'r arlunydd David Tress. Ganwyd David Tress yn Llundain yn 1955. Astudiodd yng Ngholeg Celf Harrow a Choleg Polytechneg Trent, Nottingham. Symudodd i Sir Benfro yn 1976, ac ar ôl dysgu rhan amser am rai blynyddoedd, mae'n ennill ei fara menyn drwy arlunio ers dechrau'r wythdegau. Yn achlysurol bydd yn teithio ac yn peintio mewn rhannau eraill o'r wlad a hefyd yn Iwerddon a Ffrainc, ond tirluniau o ogledd Penfro yw prif destun ei waith. Yn ogystal â thirluniau mae hefyd yn peintio ffigurau ac adeiladau, gan weithio mewn gwahanol gyfryngau yn cynnwys dyfrlliw, olew, acrylic a phastel. Cafodd un o baentiadau David Tress ei ddewis ar gyfer stamp (Medi 1999) gan y Post Brenhinol i ddathlu'r Mileniwm. mae gwaith David Tress i'w weld yn oriel Canolfan Celfyddydau Gorllewin Cymru, 16 Y Wesh, Abergwaun.

Mae'r fynedfa i faes parcio *Trim Trail*, Curiad Calon Cymru rhwng New Road a Freemans Way wrth gylchfan garej Greens. Mae'r trac yn llawn o weithgareddau ac offer arbennig i gadw calonnau'r Cymry'n iach. Cerddwch heibio i'r *Trim Trail*, ar hyd y llwybr wrth ochr yr afon Cleddau am Uzmaston – taith o tua un milltir (un ffordd).

Arhoswch i weld pistyll bach *Higgon's Well* lle mae Alan O'Dare yn gwerthu'r dŵr yn fasnachol wedi ei botelu yn ei ffatri, Alderwyck's, yr ochr draw i'r afon.

Mae glannau afon Cleddau yn gynefin i nifer fawr o adar, megis y gïach, yr alarch, crychydd glas a'r cornchwiglen. Wedi cyrraedd pen draw'r llwybr, mae'n rhaid croesi cae i gyrraedd eglwys Uzmaston. Codwyd yr eglwys wreiddiol yn 1230, ond cafodd ei hadnewyddu dros y blynyddoedd a bellach ceir carped moethus ar y llawr a chadeiriau cyfforddus i eistedd arnynt.

Eglwys Uzmaston

Taith 17: **Treletert a Phorth-gain**

Taith: **Treletert, Casmorys, Llangloffan, Mathri, Abercastell, Carreg Samson, Tŷ-hir, Tre-fin, Llanrhian, Porth-gain, Croes-goch, Mesur-y-dorth.**

Man cychwyn: **Treletert**
Map OS: **rhif 157 Tyddewi a Hwlffordd**
Cyfeirnod map: **945 297**

Treletert

Cafodd y pentref ei enwi ar ôl Letard, un o Fflemingiaid a laddwyd yn 1137 mewn brwydr ag Anarawd ap Gruffydd. Mae Ffynnon Shan Shilin i'w gweld wrth yr eglwys yn y pentref, ac mae yna sawl stori am sut y cafodd y ffynnon ei henwi. Dywed rhai iddi gael ei henwi ar ôl rhyw Siân a gafwyd wedi boddi yn y ffynnon â swllt yn ei phoced. Stori arall yw yr arferid gwerthu'r dŵr iachusol am swllt y botel, ond mae'n fwy tebygol mai ar ôl Sant Silin y cafodd y ffynnon ei henw.

O groesffordd pentref Treletert cymerwch y B4331 am Dyddewi a gyrru am bentref Casmorys. Tua hanner ffordd rhwng Treletert a phentref Casmorys mae cwrs golff Prysgili.

Ewch ymlaen i bentref Casmorys, trowch ar y dde yno a mynd am bentref Llangloffan.

Ffatri Gaws Llangloffan

Mae'r ffatri gaws ar fferm Tŷ Uchaf, Llangloffan, yn sicr yn werth ymweliad. Gweithiodd y perchnogion, Leon a Joan Downey, yn galed i sicrhau ei bod yn fenter lwyddiannus a bellach mae'n ffatri gaws gydnabyddedig sydd hefyd yn cynhyrchu menyn, iogwrt a hufen. Caiff Caws Llangloffan ei werthu mewn canolfannau ar hyd a lled Prydain, gan gynnwys siopau mawr Llundain.

Gyrrwch o Langloffan nôl i bentref Casmorys, a throi i'r dde am Mathri. Ewch i fyny'r rhiw i bentref Mathri. Yng nghanol y pentref mae'r eglwys, ac ym mhorth yr eglwys mae cofgolofn i Mac Caticus o'r bumed neu'r chweched ganrif. Darganfuwyd eirch cerrig yn y fynwent yn 1720 a chredir mai eirch saith sant y cysegrwyd yr eglwys iddynt oedd yr eirch a ddarganfuwyd. Mae'n debyg i Sant Teilo achub y saith brawd o ddwylo eu tad oedd ar fin eu boddi. Magodd ef y saith ar bysgod, a chawsant eu hadnabod fel 'Y Dyfrwyr', a daeth y saith yn ôl i fyw i Mathri. Mae wal gron o gwmpas y fynwent, ac ychydig droedfeddi i'r dde o'r fynedfa mae dwy garreg anghyffredin (sy'n rhan o'r wal) â siâp cylch a chroes wedi naddu arnynt.

Ewch ymlaen o bentref Mathri am borthladd Abercastell a oedd yn borthladd bach prysur iawn ar un adeg, er nad oes cei na morglawdd yno. Rhaid oedd dadlwytho'r llongau ar y traeth – gwnaed hyn gan wŷr lleol gyda cheirt a cheffylau, gan ddechrau'n gynnar ar y trai. Cludwyd y llwythi i ffwrdd neu eu rhoi yn y stordai.

Gyrrwch i fyny'r rhiw o Abercastell am Dre-fin, ac ar ôl teithio tua hanner milltir trowch i'r dde am ffarm Tŷ-hir (Long House). Parciwch wrth y ffermdy, ac mae yna lwybr dros y grid gwartheg i'r cae sy'n arwain tuag at gromlech enwog Carreg Samson.

Carreg Samson

Yn y cyfnod megalithig y codwyd y gromlech hon, fel y cylchoedd mawr o gerrig yng Nghôr y Cewri. Roedd codi cromlech yn waith anodd – rhaid oedd gosod rhes o gerrig i wneud yr ochrau, llenwi'r tyllau â cherrig llai, llusgo'r garreg fwyaf i ben y gromlech, ac yna gorchuddio'r cyfan gyda phridd. Pan fyddai'r meirw'n cael eu claddu, fe roddwyd

Carreg Samson

gwrthrychau eraill yn y beddrod, megis ysgub o wenith, arfau cerrig wedi'u llyfnháu a'u sgleinio, saeth hela, tlysau addurnedig a chrochenwaith cerfiedig. Mae casgliad da o arfau a gloddiwyd o gromlechi'r ardal gan archeolgegwyr i'w gweld yn yr amgueddfa yn Ninbych-y-pysgod.

Tre-fin

O fferm Tŷ-hir, trowch i'r dde am bentref Tre-fin i weld adfeilion yr hen felin enwog a fu'n ysbrydoliaeth i Crwys. Gyrrwch drwy bentref Tre-fin ar y ffordd am bentref Llanrhian. Fe welwch dafarn Y Llong ar y chwith, yna ewch i lawr y rhiw ac mae adfeilion y felin i'w gweld ar y dde.

Yna gyrrwch yn ôl am bentref Tre-fin, lle y ganed y Prifardd Edgar Phillips (Trefin) yn 1889. Bu'n Geidwad y Cledd a daeth yn Archdderwydd yn 1959. Teiliwr ydoedd wrth ei alwedigaeth a bu'n gweithio yn Nhreletert a Hendy-gwyn ar Daf, ac yn ddiweddarach, Llundain a Chaerdydd.

Enillodd Trefin lawer o wobrau yn yr Eisteddfod Genedlaethol ac mewn eisteddfodau taleithiol ledled y wlad. Enillodd Gadair Genedlaethol yn Eisteddfod Wrecsam, 1933, am ei awdl 'Harlech', ac yn 1947 dewiswyd ef yn Geidwad y Cledd. Bu farw yn Ysbyty Hammersmith ym mis Awst 1962 yn 72 oed.

Yng nghanol pentref Tre-fin mae tafarn groesawgar Y Llong, a drws nesaf i'r dafarn mae siop grefftau. Gyrrwch ar hyd ffordd yr arfordir o bentref Tre-fin i bentref Llanrhian.

Yn eglwys Normanaidd Llanrhian mae bedyddfaen ddegochrog yn dangos arfbais Syr Rhys ap Thomas.

Os yw'r ysfa am gasglu hen beiriannau wedi cydio ynoch erioed rhaid i chi ymweld â modurdy Llanrhian. Dyma gartref casgliad peiriannau y brodyr Robert, Talfryn a Melvin Rees. Ymysg y peiriannau y maent wedi'u casglu a'u trwsio mae tractorau, peiriannau dyrnu ac injan stêm. Eu hinjan stêm Homes, 1920, a gludodd y Maen Llog ar gyfer cylch yr Orsedd yn Eisteddfod Genedlaethol Abergwaun, 1986.

Trowch i'r dde ar y groesffordd yn Llanrhian a gyrrwch am tua milltir i bentref Porth-gain.

Yn nhafarn y Slŵp mae lluniau ar y muriau yn adrodd stori gweithfeydd y chwarel feini ym Mhorth-gain, a rhwng y dafarn a'r harbwr mae olion odyn galch.

O Borth-gain gyrrwch yn ôl i Lanrhian ac ymlaen i bentref Croes-goch. Dywedir i'r pentref gael ei enwi i goffáu brwydr a fu yno rhwng y Cymry a'r Rhufeiniaid pan oedd gwaed y lladdedigion yn llifo'n goch ar hyd y pedair heol ar y groesffordd.

Mae oriel luniau John Knapp-Fisher ym mhentref Croes-goch yn sicr yn werth ymweliad. Mae'n arlunydd dawnus iawn, sy'n hoff o ddefnyddio dyfrlliw, ac fe'i

Tafarn y Slŵp, Porth-gain

dylanwadwyd yn fawr gan feistri cynnar fel Turner a Constable. Ei brif
ddiddordeb heblaw am ei alwedigaeth yw'r môr. Rai blynyddoedd yn ôl pan oedd
yn brin o arian, prynodd gwch a'i addasu i fod yn
gartref ac yn oriel i werthu ei luniau.
Ymlwybrodd ar hyd arfordir Suffolk a Norfolk
gan angori fel y mynnai ac yna agor ei siop ar y
cwch er mwyn gwerthu ei waith.

Tua milltir o bentref Croes-goch ar y ffordd
am Abergwaun mae carreg Mesur-y-dorth. Mae
hi i'w gweld ar ochr y ffordd, â chroes a chylch
wedi ei naddu arni. Mae dwy stori am y cylch a'r
groes; cred rhai mai dyma lle yr arferai pererinion
fwyta eu pryd olaf cyn cyrraedd Tyddewi, a chred
eraill mai ar y garreg hon y rhennid bara elusen i'r
tlodion.

Carreg mesur y dorth

Taith 18: **Arfordir Tyddewi**

Taith: **Abereiddi, Traeth Mawr, Tyddewi**

Man cychwyn: **Abereiddi**
Map OS: **rhif 157 Tyddewi a Hwlffordd**
Cyfeirnod map: **796 311**

Mae hon yn daith gerdded o tua saith milltir (un ffordd) o draeth Abereiddi ar hyd rhan o Lwybr Arfordir Sir Benfro i Traeth Mawr, Tyddewi. Cofiwch wisgo esgidiau a dillad addas. Fe gymer y daith tua thair awr dda i'w chwblhau. Os nad ydych eisiau cerdded y daith yno ac yn ôl, trefnwch fod rhywun yn eich cyfarfod ym maes parcio Traeth Mawr, Tyddewi.

Abereiddi

Ar y chwith i'r maes parcio yn Abereiddi mae odyn galch. Yr ochr arall i'r traeth ar y llwybr i'r morlyn-glas *(blue lagoon)* mae yna adeilad eithaf tebyg i'r odyn, sef y Tŷ Powdwr, lle'r arferid cadw'r ffrwydron i ddiben y chwarel. Ewch ymlaen ar hyd y llwybr a thros y bont i weld y morlyn-glas. Ffurfiwyd y morlyn-glas pan ddaeth y gwaith yn y chwarel i ben yn 1904 – ffrwydrwyd sianel i'r môr a boddwyd y

Tŷ powdwr

chwarel. Ar draeth Abereiddi mae ffosilau graptolit ar y llechi. Anifeiliaid bychain yn byw gyda'i gilydd ar wyneb y môr oedd y graptolit – tebyg i'r plancton heddiw, ond er iddynt esblygu'n gyflym, gan newid eu ffurf, diflannodd y rhywogaeth yn ystod yr Oes Silwraidd. Ni ŵyr

Odyn galch

79

neb paham fod y graptolit wedi diflannu ar ôl tua thri chan miliwn o flynyddoedd o esblygiad, ond roedd y graptolit yn un o'r anifeiliaid bychain cyntaf i lenwi'r moroedd cyntefig, ac yn un o'r arwyddion cyntaf o fywyd wedi'r Oes Gyn-Gambriaidd.

Mae'r rhan yma o lwybr yr arfordir yn drawiadol, gyda'i glogwyni geirwon, a chilfachau llydan, heb anghofio'r ynysoedd bychan. Mae blodau dirifedi i'w gweld yn y gwanwyn a'r haf; blodau megis glydlys arfor, clatsh y cŵn, blodyn neidr, seren y gwanwyn, coes goch, llygaid llo mawr, tegeirian, clustog mair, grug a chloch yr eos. Maent yn garped amryliw ar hyd y llwybr.

Morlyn-glas

Pioden y môr a'r Hebog Tramor
Un o'r adar a welir yn fynych yn yr ardal hon yw pioden y môr. Gellir adnabod pioden y môr oddi wrth liwiau du a gwyn y plu, pig hirsyth, oren-goch, llygaid coch a'i choesau hir, pinc. Ei chynhaliaeth yw crancod bach, pysgod mân a phryfed. Pant yn y gro neu yn y tywod allan o gyrraedd y môr yw ei nyth. Bydd yn dodwy tua phedwar o wyau llwyd-felyn â brychni tywyll arnynt.

Mae'n aderyn swnllyd gyda bib-alwad uchel. Fe'u gwelir yn heidio ar y glannau yn ymuno i alw gyda'i gilydd. Byddant yn gaeafu ger y glannau. Mae pioden y môr i'w weld drwy Ewrop, yn Asia hyd yr India, ac yng ngogledd a chanolbarth Affrica.

Hebog Tramor
Aderyn arall, llai cyffredin sydd â'i gynefin ar yr arfordir rhwng Abereiddi a Thraeth Mawr yw'r hebog tramor neu'r gwalch glas fel y'i gelwir. Mae ganddo adenydd hir a chwt pigfain sydd braidd yn fyr. Llwydlas (neu frown ar adar ifanc) yw'r rhan uchaf o'i gorff gyda'r rhan isaf yn oleuach gyda marciau mân, tywyll. Gall fwyta adar hyd at faint brain a cholomennod gan eu dal trwy ddisgyn arnynt yn gyflym o uchder.

Ar y llwybr o Abereiddi tuag at Traeth Mawr byddwch yn cerdded heibio i Aberpwll, Porth Tre-wen, Ogof Simdde a Phenclegr. Lle da i gael seibiant ar y daith hon yw wrth droed Penberi, ac yno mae'n bosibl i chi ddod ar draws y frân goesgoch, sydd ychydig yn fwy na'r jac-do ac yn ddu drosti, gyda choesau a phig goch – aderyn prin iawn.

Ewch ymlaen heibio i Garreg yr Afr, Ogof Morland, Pig y Barcud, Penrhyn Ffynnon-las cyn cael seibiant arall wrth droed Carn Llidi. Erys gwledd i'r synhwyrau wrth gerdded ymlaen tua Phenrhyn Dewi.

Mae mynydd Carn Llidi, sy'n 595 o droedfeddi o uchder, yn edrych dros y penrhyn a Bae Traeth Mawr. Mae'n werth dringo i'r copa gan fod yr olygfa oddi yno yn odidog. Ar ddiwrnod clir gellir gweld arfordir Iwerddon a mynyddoedd Waterford a Wicklow.

Mae'r tir yn yr ardal yma'n nodedig am gynhyrchu tatws cynnar. Gyda'r hinsawdd addas mae modd i'r ffermwyr blannu'n gynnar yn y gwanwyn i gael y cnwd yn barod i'w gynaeafu erbyn diwedd Mai neu ddechrau Mehefin. Dros drigain mlynedd yn ôl y sylwyd bod cnydau tatws cynnar yn llwyddiannus yn yr ardal, ac ar y dechrau arbrofwyd gyda Arran Pilot a Home Guard, ond erbyn heddiw codir mathau eraill o datws hefyd, fel yr Ulster Sceptre, Estima a Vanessa.

Ar draws Bae Sain Ffraid mae Ynys Sgomer, ac i'r de, yn sefyll allan ar y gorwel, mae simneiau'r diwydiannau olew o gwmpas Aberdaugleddau.

Cerddwch ymlaen am Benmaen Dewi – mae'r creigiau Ordoficaidd a welir yno tua 500 miliwn o flynyddoedd oed. Enw arall ar Benmaen Dewi yw Pentir yr Wyth Perygl *(Octopitarum Promontarium)*. Dyma le da i fwynhau'r golygfeydd godidog. I'r de, mae Ynys Dewi, ac i'r gogledd mae Craig yr Esgob a Chraig y Clerigwyr.

Y goleudy i'r gorllewin o Ynys Dewi yw Golau Esgob y De. Gellir gweld Goleudy'r Smalls, rhyw 18 milltir allan pan fo'r tywydd yn eithriadol o glir. Yng nghulfor Ynys Dewi hefyd mae'r *'Bitches'* – rhes o greigiau hynod o beryglus lle drylliwyd cwch achub Tyddewi yn 1910.

Traeth Mawr

Ar Benmaen Dewi mae cromlech Coetan Arthur – cromlech o Oes y Cerrig sydd rhyw 5,000 o flynyddoedd oed. Mae'r garreg wastad tua deuddeg troedfedd wrth naw ac yn cael ei chynnal gan feini hirion.

Traeth Mawr yw diwedd y daith o saith milltir. Mae yna gaffi a thŷ bach yn ymyl y maes parcio. Dyma draeth euraid tua milltir o hyd yn wynebu'r gorllewin. O'r man yma y cychwynnodd Sant Padrig ar ei fordaith i Iwerddon. Gellir gweld olion coedwig o dan y dŵr ar adegau prin pan fydd y llanw yn peri bod lefel y tywod yn isel. Mae bonion coed derw, bedw a chyll wedi'u darganfod yno.

I'r de o faes parcio Traeth Mawr gallwch gerdded ar hyd Llwybr Arfordir Sir Benfro tuag at St Justinian, Porth Stinan, Porth Lisgi, Porth Clais a bae Caer-fai. Gallwch deithio i'r llefydd hyn ar hyd ffyrdd cul o ganol Tyddewi (does dim rhaid cerdded Llwybr yr arfordir i'w cyrraedd). Mae gorsaf bad-achub Tyddewi yn St Justinian. Ym Mhorth Stinan claddwyd Justinian, brodor o Lydaw a dreuliodd rhan olaf ei oes ar Ynys Dewi (Ramsey). Rhwng y tir mawr ac Ynys Dewi mae yna gulfor peryglus iawn. Mae Ynys Dewi ddwy filltir o hyd a milltir ar draws, ac mae'n un o warchodfeydd adar yr RSPB. Y ffordd orau i weld yr ynys, yn arbennig ei bywyd gwyllt, yw mynd ar un o'r tripiau cwch o St Justinian. Glannau creigiau Ynys Dewi yw hoff gynefin y morlo llwyd.

Oriel Graham Sutherland

Rhoddodd Graham a Kathleen Sutherland gasgliad o ddarluniau yn rhodd 'er mwyn Sir Benfro a'r genedl' fel arwydd o werthfawrogiad am yr ysbrydoliaeth a gawsant yn ystod eu hymweliadau niferus â'r sir. Cynigiodd yr Anrhydeddus Hanning Philipps ran o adeilad castell Pictwn, Rhos ger Hwlffordd ar gyfer oriel. Bu'r oriel yno o 1976 hyd 1996. Gobeithir agor oriel Graham Sutherland yn Nhyddewi.

Credai Graham Sutherland "y dylai gwaith a wnaed mewn ardal neilltuol gael ei arddangos yn yr ardal honno". Ceir yn y casgliad weithiau'r artist, gan gynnwys y darluniau a ysbrydolwyd gan y golau arbennig sydd mor eithriadol o glir.

Taith 19: **Ynys Sgomer**

Taith:	**Ynys Sgomer**

Man Cychwyn:	**Hwlffordd**	Dal y cwch:	**Martin's Haven**
Map OS:	**rhif 157 Tyddewi a Hwlffordd**		
Cyfeirnod Map:	**Hwlffordd 948 154, Martin's Haven 760 090**		

Un o nodweddion amlycaf arfordir Sir Benfro yw ynysoedd y gwarchodfeydd adar, sef Sgomer (sydd ar agor i'r cyhoedd yn ystod misoedd y gwanwyn, yr hydref a'r haf) Skokholm, Gwales (Grassholm) ac Ynys Dewi (Ramsey).

Cofiwch wisgo esgidiau a dillad addas, ac ewch â bwyd gyda chi. Dechreuwch yn fore i ddal y cwch cyntaf sy'n gadael Martin's Haven tua 10.00 y bore. O Hwlffordd, gyrrwch heibio i archfarchnad Tesco a chymryd y B4327 am Dale, Marloes a Martin's Haven. Tua milltir a hanner cyn cyrraedd pentref Dale mae yna arwydd am Marloes a Martin's Haven cofiwch droi i'r dde yma. Mae'n daith o tua deuddeng milltir o Hwlffordd i Martin's Haven.

Mae'n rhaid talu am barcio yn y maes parcio ym Martin's Haven cyn croesi ar y daith o chwarter awr ar y cwch i Ynys Sgomer. Cesglir tâl am y cwch yn ystod y croesi, a mynediad i'r ynys wedi glanio.

Yr Ynys

Ddeng mil o flynyddoedd yn ôl gallai pobl gerdded o'r tir mawr i'r ynys, cyn i'r môr a'i donnau dorri trwy'r penrhyn hir a ffurfio Swnt Jac a'r Swnt Bychan.

Yn 1342 cyfeirir at yr ynys fel Scalmey, enw a roddodd y Llychlynwyr arni. Ystyr Scalmey yw *scalm,* sef rhaniad neu hollt, ac *ey,* sef gair y Llychlynwyr am ynys. Mae hwn yn enw addas gan fod yr ynys bron wedi'i rhannu neu'i hollti'n ddwy gan y môr. Ond erbyn y ddeunawfed ganrif ceir cofnod o enw presennol yr ynys. Yn 1761 roedd morwr o'r enw Abel Hicks, a oedd yn hwylio'i long, *Industrious Bee,* allan o Aberdaugleddau tua Lerpwl, yn sôn am fynd heibio i Sgomer yn ei ddyddiadur.

Mae tua 250 o wahanol fathau o adar wedi eu gweld ar yr ynys, ac un o'r adar enwocaf yw aderyn drycin manaw.

Aderyn Drycin Manaw

Mae'r ynys yn brif fridfa i'r adar hyn gyda thros
100,000 o barau yn nythu mewn tyllau
cwningod. Ni welir yr aderyn yn ystod y dydd
gan ei fod yn brae parod i'r adar ysglyfaethus,
yn enwedig yr wylan gefnddu fawr. Du yw lliw
rhannau uchaf ei gorff a gwyn yw'r rhannau isaf.

Aderyn Drycin Mamaw

Mae ei gri yn hynod o wylofus. Mae'n dodwy un wy gwyn tua dechrau mis
Mai. Yn gynnar yn yr hydref bydd y rhieni yn ymadael ar daith o tua 3,000
o filltiroedd am foroedd de-ddwyrain De America, ac yn gadael y cywion i
ddod o hyd i'w ffordd eu hunain yno. Y gwanwyn dilynol, daw'r rhieni yn
ôl i'r union dwll cwningen a adawsant y flwyddyn flaenorol. Mae yna ficro-
camra y tu mewn i nyth aderyn drycin manaw ar yr ynys i ddangos i bawb
ei symudiadau yn ystod y dydd a'r nos.

Ar ôl cyrraedd yr ynys mae'n rhaid dringo grisiau serth i godi oddi wrth y môr, a
thra'n dringo cadwch lygad craff am y fulfran werdd. Mae'r fulfran werdd yn llai o
faint ac yn feinach na'r fulfran, ac yn wyrdd tywyll drosti, er ei bod yn ymddangos
yn ddu o bell. Does dim gwyn arni o gwbl. Mae melyn ym môn ei phig a bydd yn
tyfu crib fer yn y gwanwyn. Ar y môr a'r glannau y gwelir y fulfran werdd. Mae'n
nythu mewn ogof neu ar glogwyn ac yn dodwy rhwng dau a phump o wyau glas
golau. Gwna ei nyth o wymon a bydd nifer yn nythu'n agos at ei gilydd. Gwelir y
fulfran werdd, fel y fulfran, yn sefyll ar graig gyda'i hadenydd ar led i sychu'r plu.

Hanner ffordd i fyny'r grisiau serth edrychwch i'r chwith ac fe welwch ddegau
o balod yn hedfan yn ôl ac ymlaen yn cario bwyd i'w cywion.

Y Pâl

Daw oddeutu 6,000 o barau o balod i Ynys
Sgomer yn y gwanwyn i nythu. Bydd nifer
ohonynt yn nythu'n agos i'w gilydd. Maent yn
nythu mewn tyllau o dan y ddaear, ac o'r
herwydd mae'n rhaid cadw at y llwybrau rhag
dinistrio'r nythod a'r wyau ar y tir agored. Mae'n

Pâl

syndod fod y pâl yn gallu hedfan o gwbl gan fod ei adenydd mor fach o'u cymharu â'i gorff. Sylwch pa mor gyflym y mae'n rhaid iddo guro'i adenydd wrth hedfan. Du a gwyn yw plu'r pâl gyda'i big yn newid ei liw yn y gwanwyn a'r haf, yn felyn, coch a glas. Mae'n big hardd iawn yr adeg honno o'r flwyddyn a gall gario ugain neu ragor o bysgod yn ei big gan fod ganddo rychau danheddog ar ei dafod ac ar ran uchaf ei geg.

Cerddwch ar hyd y llwybr i weld yr odyn galch a Charreg Harold.

Yr Odyn Galch

Mae'r odyn galch mewn cyflwr da iawn ac yn ein hatgoffa o ddyddiau da'r bedwaredd ganrif ar bymtheg pan oedd ffermio'n ddiwydiant llewyrchus ar yr ynys. Llongau bach fyddai'n cario'r calch a'r glo i'r ynys, ac yn dadlwytho yn North Haven, yna cludwyd y calch gyda cheffyl a chart i'r odyn galch. Wedi ei falu gwasgerid y calch dros y caeau.

Cerddwch ymlaen tuag at Garreg Harold. Does dim ysgrifen ar y garreg, ond os edrychwch yn graff fe welwch nifer o wahanol fathau o gen cerrig yn tyfu drosti. Mae hyn yn profi fod ansawdd yr awyr ar yr ynys yn dda. Cerddwch ar hyd y llwybr o Carreg Harold tuag at High Cliff gan ofalu cadw'n ddigon pell o'r clogwyni serth a pheryglus. Dyma gynefin y llurs a'r wylog.

Llurs

Yn yr haf mae rhannau uchaf ei gorff yn ddu a bydd y gwddf ac ochrau'r pen yn troi o fod yn llwyd arian yn yr haf i lwyd tywyll yn y gaeaf. Mae'r llurs yn dodwy un wy gwyn. Ni fydd yn codi nyth ond yn dodwy ar gasgliad o lystyfiant wedi eu cario i mewn i dwll neu gilfach.

Gwylog

Brownddu yw lliw rhannau uchaf ei gorff gyda'r rhannau isaf yn wyn; mae ei phen a'i phig yn hir a main. Bydd yn plymio i ddyfnderoedd y môr i osgoi gelynion, ac yn gaeafu allan ar y cefnfor. Mae'r wylog yn heidio i nythu. Ni fydd yn codi nyth ond yn dodwy un wy siâp gellygen ar silff ar graig noeth ar gopa'r clogwyn. Mae lliw yr wy yn amrywio o wyn i wyrddlas gyda llinellau a smotiau tywyll arno.

Ychydig ymhellach ymlaen ar y llwybr fe ddewch at y Mew Stone. Ar grib y Mew Stone gallwch weld nifer o fulfrain (neu filidowcars) yn tacluso'u plu ac yn ymestyn eu hadenydd i'w sychu.

Mulfran

Nid yw'r fulfran yn cynhyrchu olew naturiol sy'n cadw dŵr rhag glynu wrth ei blu – a dyna pam mae'n gofalu sychu'r plu bob tro y daw i'r lan o'r dŵr. Mae tuag ugain pâr o fulfrain yn nythu ar yr ynys. Mae'r fulfran yn aderyn mawr a chanddo blu disglair, du gyda gwawr werdd a phorffor iddynt. Gwyn yw'r gwddf ac ochrau'r pen, a melyn yw ei dagell. Yn y gwanwyn, cyn amser magu, daw darn gwyn amlwg ar y tu allan i'r glun a'r ên a daw ychydig o blu hirion ar y corun. Mae gan y fulfran big amlwg a bachog. Fel arfer mae nifer ohonynt yn nythu gyda'i gilydd ar glogwyni neu graig ger copa'r clogwyn, ond weithiau bydd yn nythu ar berth – gwna nyth swmpus o laswellt sych, gwymon, brigau a broc môr. Mae'n dodwy rhwng pedwar a chwech o wyau gwyrddlas golau.

O'r Mew Stone ewch ymlaen i'r Wick. Hollt serth ar ffur 'V' yw'r Wick sy'n peri i sŵn gael ei gario a'i ddwysau. Canlyniad hyn yw fod sgrechfeydd yr adar yn fyddarol! Mae clogwyn 200 troedfedd y Wick yn gartref i gannoedd o wylanod goesddu, llursod, gwylogod ac adar drycin y graig. Mae'r awyr yn atseinio cri yr wylan goesddu, sef yr wylan fwyaf swnllyd o holl adar y môr.

Wylan Goesddu

Mae tua 2,000 o barau yn nythu ar Ynys Sgomer. Mae ei chorff yn llai na'r wylan gyffredin, ac fel yr awgryma ei henw, coesau du sydd ganddi. Pig melynwyrdd sydd gan yr wylan goesddu ac mae tu mewn ei cheg yn goch llachar. Mae'r pen, y gynffon a rhannau isaf y corff yn wyn, y cefn yn laslwyd a blaenau'r adenydd yn ddu. Mae'n dodwy dau neu dri o wyau llwyd golau, gyda brychni amlwg brown a llwyd ar ben tewaf yr wy.

Defnyddia lystyfiant wedi ei gasglu o'r pyllau a'r nentydd i adeiladu nyth, a'i lynu at ei gilydd gyda baw. Bydd heidiau enfawr yn nythu gyda'i gilydd ar glogwyn serth ger y môr.

Aderyn Drycin y Graig

Gellir adnabod aderyn drycin y graig oddi wrth ei big felyn, fer. Mae ganddo diwbiau fel ffroenau ar dop y big. Os ewch yn rhy agos at yr aderyn, mae'n gallu cyfogi olew drewllyd o'i stumog a'i saethu rai troedfeddi tuag atoch. Corff tew sydd ganddo. Llwyd tywyll yw rhan uchaf ei adenydd a'r rhannau isaf yn wyn. Bydd yn hedfan ar adenydd cul a syth. Nid yw'n gwneud nyth, yn hytrach, bydd yn dodwy un wy gwyn mewn pant yn y graig. Gwelir adar drycin y graig yn aml yn dilyn cychod pysgota gan obeithio cael tameidiau o weddillion pysgod.

Ewch ymlaen o'r Wick am Sgomer Head a Pigstone Bay. Yma, mae'r blodau clustog mair a glydlys arfor ar eu gorau yn garped o binc a gwyn dros y clogwyni. O Sgomer Head ar ddiwrnod clir gallwch weld ynys Gwales neu Grassholme, tua chwe milltir i'r gorllewin. Yn ôl rhai, Gwales y Mabinogi yw Grassholme.

Gwales

Gwarchodfa adar yw'r ynys hon hefyd gyda thros 32,000 pâr o huganod yn nythu arni. Mae modd mynd ar wibdeithiau mewn cwch o gwmpas yr ynys, ac mae'r olygfa a'r sŵn yn drawiadol a byddarol. Ond mae drewdod tail yr holl adar yn gryf ac yn ei gwneud hi'n anodd aros ar yr ynys yn hir!

Hugan

Ynys Gwales yw'r unig le yng Nghymru lle mae'r hugan yn nythu. Mae'n aderyn mawr, gosgeiddig gyda rhannau uchaf y corff yn amlwg yn glaerwyn a blaenau'i adenydd a'r coesau yn ddu. Traed gweog sydd gan yr hugan er mwyn nofio'n rhwydd o dan y dŵr. Ar agor, mae'r adenydd yn mesur bron i ddau fetr ar draws. Mae ei gwddf hir, a'i chynffon a'i phig yn fain.

Gwna nyth eithaf mawr o wymon, ysbwriel o'r môr, planhigion a gwair a dodwya un wy gwyn. Mae'n olygfa wefreiddiol i weld hugan yn plymio o uchder mawr i ganol haig o bysgod, ac yn codi wedyn gyda physgodyn yn ei phig.

O Sgomer Head cerddwch ar hyd y llwybr tuag at y Garland Stone. Pan fydd hi'n drai gallwch weld nifer fawr o forloi. Mae'n hyfryd eistedd ar ben y clogwyn yn gwylio'r morloi yn nofio yn y môr a gorweddian ar y creigiau. Ond os cânt eu poeni, byddant yn cilio'n ôl i ddiogelwch y môr a'u pennau'n unig i'w gweld uwchben wyneb y dŵr.

Glannau creigiog yw hoff gynefin y morloi llwyd a cheir llawer ohonynt ar lannau môr Sir Benfro ac Ynys Sgomer. Mae'n debyg mai Ynys Sgomer yw'r lle gorau i astudio morloi yn ne-orllewin Prydain. Gallwch weld y morloi o gwmpas yr ynysoedd unrhyw adeg o'r flwyddyn, ond maent yn llawer mwy niferus yn ystod yr hydref, gan mai yn ystod mis Medi a mis Hydref mae'r mamau yn esgor ar eu lloi bach ar y traethau.

Ewch ymlaen o Garland Stone tuag at yr hen dŷ fferm. Mae'r llwybr yn arwain drwy erwau o glychau'r gog a blodau neidr. Cadwch eich llygaid ar agor am y dylluan glustiog wrth gerdded tuag at yr Hen Dŷ Fferm.

Y Dylluan Glustiog

Mae'r dylluan glustiog yn hela liw dydd golau, gan hofran yn aml uwchben y tyfiant. Y ceiliog sy'n hela pan fo'r iâr yn deor. Ei bwyd yw llygod Sgomer, adar bychain, chwilod ac anifeiliaid bychain. Gellir adnabod y dylluan glustiog wrth ei phen bychan a'i dwy glust. Mae'r clustiau tua thri chwarter modfedd o hyd ac yn anodd i'w gweld. Pan fo'r dylluan yn hedfan mae'r adenydd yn ymddangos yn hir a main gyda'u hochrau isaf yn olau, a chlwt tywyll ar gymal ei hadain. Mae'n dodwy tua hanner dwsin o wyau gwynion ar y ddaear mewn brwyn neu yn y grug.

Yr Hen Dŷ Fferm

Difrodwyd to yr hen dŷ fferm yn ystod storm arw
yn 1954. Yn un o hen adeiladau'r ffermdy mae
arddangosfa o hanes yr ynys. Mae cyfle i ymwelwyr
aros ar yr ynys, mewn rhan o'r hen dŷ fferm, ond
mae'n rhaid gwneud trefniadau ymlaen llaw gyda
swyddfa Hwlffordd o'r ymddiriedolaeth Bywyd

Llygoden goch Sgomer

Gwyllt Gorllewin Cymru. Yn ymyl yr hen ffermdy mae modd gweld llygoden
goch Sgomer, un o'r mamaliaid anghyffredin sy'n unigryw i Sgomer. Creadur
bach, browngoch, dof yw'r llygoden, sydd â'i diriogaeth o gwmpas y tyfiant yng
nghanol yr ynys, lle gall guddio oddi wrth ei gelynion.

Ceisiodd nifer o deuluoedd wneud bywoliaeth wrth ffermio defaid a gwartheg
a thyfu cnydau ar y saith can erw o dir sydd ar yr ynys. Ceisiwyd tyfu tatws cynnar
rhwng 1947 ac 1948, ond roedd yna anawsterau wrth gario'r tatws i'r tir mawr, ac
yna i'r marchnadoedd. Erbyn heddiw gwarchodfa genedlaethol i greaduriaid a
phlanhigion yn unig yw ynys Sgomer, ac un o'r pwysicaf yng ngwledydd Ewrop.

Cerddwch o'r hen dŷ fferm nôl tuag at y lanfa yn North Haven. Mae'r rhan
hwn o'r llwybr yn gynefin i gwningod. Daethpwyd a chwningod i'r ynys dros 600
o flynyddoedd yn ôl, ac ar un adeg magwyd cwningod ar yr ynys am eu cig a'u
crwyn.

Mae'n werth dod yn ôl i'r lanfa yn gynnar er mwyn gweld y palod yn hedfan
nôl ac ymlaen i'w nythod, ac yn cario llond pig o bysgod bychain i'r cywion.

Taith 20: **Treletert i Nant-y-coy**

Taith: **Treletert, Sealyham, Cas-blaidd, Nant-y-coy**

Man Cychwyn: **Treletert**
Map OS: **rhif 157 Tyddewi a Hwlffordd**
Cyfeirnod Map: **945 297**

Dechreuwch o flaen y siop sglodion ar sgwâr Treletert, sydd hanner ffordd rhwng Abergwaun a Hwlffordd ar y briffordd A40. Teithiwch ar y ffordd am Hwlffordd heibio i dafarn yr Harp, a gwesty Brynawelon. Gyferbyn â'r gwesty trowch i'r chwith am blasty Sealyham, tua milltir o gyffordd Brynawelon.

Canolfan antur awyr agored i bobl ifanc sydd yno erbyn hyn. Mae'r plasty mewn cwm coediog ar lan afon Angof, ac yno roedd cartre'r daeargi enwog sy'n cario enw'r lle ledled y byd.

Daeargi Sealyham

Roedd llawer o'r hen blastai yn cadw cŵn i hela'r llwynog a'r dyfrgi. Y Capten John Edwards o Sealyham a gafodd y syniad o ddatblygu brid newydd, sef ci hynod o ddewr i hela'r llwynog, y dyfrgi, y mochyn daear a'r ffwlbart. Wrth gyfuno llawer o wahanol fathau o gŵn, yn cynnwys y Corgi, Dandie Dinmont a'r Daeargi Tarw, daeth Capten Edwards o hyd i frîd a hoffai – sef ci dewr gyda choesau byr, cot flewog, galed a dannedd miniog. Roedd y ci'n ddigon bach i gloddio i'r ddaear ar ôl y mochyn daear a'r llwynog a datblygodd y brid newydd hwn i fod yn effeithiol iawn. Arddangoswyd y daeargi Sealyham gyntaf mewn sioe yn Hwlffordd yn 1903 ac erbyn heddiw mae'n gi poblogaidd drwy'r byd.

O blasty Sealyham gyrrwch nôl am gyffordd Brynawelon a throwch i'r chwith am bentref Cas-blaidd. Pentref Normanaidd yw Cas-blaidd ym mhen pellaf Ceunant y Cleddau ym mhlwyf Llantyddewi. Yn Llantyddewi y ganed Joseph Harries, 'Gomer' – pregethwr, emynydd, golygydd a chyhoeddwr llyfrau. Ef fu'n gyfrifol am lunio a golygu'r wythnosolyn Cymraeg cyntaf, *Seren Gomer*, yn 1814.

Yng Nghas-blaidd mae un o westai gorau Sir Benfro, sef Gwesty Allt-yr-Afon. Mae tafarn y Blaidd yn lle dymunol hefyd. Yn 1927, holltwyd ochr ddwyreiniol y pentref pan adeiladwyd y ffordd fawr A40 o Abergwaun i Hwlffordd. Gyrrwch o bentref Cas-blaidd am tua milltir ar hyd yr A40 am Hwlffordd nes

Mynydd Tregfarn Mawr

cyrraedd Melin Nant-y-coy. Gadewch eich car yno a cherdded heibio i fynedfa'r felin, ac yna dilynwch y llwybr i ben Mynydd Trefgarn Mawr.

O'r copa mae golygfeydd syfrdanol o fynyddoedd y Preseli tua'r gogledd-ddwyrain ac Aberdaugleddau i'r de. Ymwelydd cyson â'r rhan hon o'r wlad yw'r hebog tramor ac mae cigfrain yn nythu yn y creigiau. Oddi tanoch mae afon Syfni, sy'n gynefin o hyd i'r dyfrgi a'r eog.

Hanner can llath i'r de o Felin Nant-y-coy mae lleoliad y rheilffordd y bwriadodd Isambard Brunel ei hadeiladu i Iwerddon, ond bu'n rhaid iddo roi'r gorau iddi yn 1851 oherwydd y newyn tatws.

Trowch yn ôl am Felin Nant-y-coy, lle mae canolfan greftau, caffi ac amgueddfa.

Taith 21: **Cwm Gwaun**

Taith: **Llanychâr, Parc y Meirw, Cwm Gwaun**

Man cychwyn: **Tafarn y Bridgend, Llanychâr**
Map OS: **rhif 157 Tyddewi a Hwlffordd**
Cyfeirnod map: **986 354**

Mae Llanychâr ar y B4313 sy'n mynd o Abergwaun am Faenclochog. O dafarn y Bridgend, trowch drwyn y car am Faenclochog a throwch i'r chwith am Dinas, a theithio dros y bont, dringo'r allt serth, a throi am y troad cyntaf i'r dde. Ewch ymlaen am dri chwarter milltir, ac ar y dde mae Parc y Meirw.

Parc y Meirw

Rhes o gerrig anferth, sydd erbyn heddiw yn rhan o glawdd yw Parc y Meirw. Mae'r rhes o gerrig yno ers dros 5000 o flynyddoedd. Mae archeolegwyr wedi bod yn gweithio ar y safle, ac wedi darganfod offer seryddol hynafol sy'n berffaith gywir, ac sy'n dal i allu proffwydo diffyg ar yr haul neu'r lleuad. Mae cerrig Parc y Meirw wedi eu lleoli mewn mannau arbennig sy'n wynebu Mynydd Leinster yn Iwerddon, sy'n rhan o fryniau Wicklow, 91 milltir i ffwrdd.

Pan fo lleuad yn ymddangos fel petai'n machlud ac yn llithro lawr ochr dde i fynydd Leinster, yna dyna'r unig adeg y bydd un ai diffyg ar yr haul neu'r lleuad drannoeth; dibynna hyn ar a yw'r lleuad sy'n machlud yn llawn neu yn newydd. Er yr ymddengys yn syml, mae'n hynod o gymhleth i'w osod. Roedd amynedd ein cyndeidiau 5000 o flynyddoedd yn ôl i gael manylion y mesuriadau'n gywir yn anhygoel.

Teithiwch ymlaen heibio i Dre-llwyn, Mynydd Melyn a Phen-rhiw ac i lawr yr allt serth i Gwm Gwaun. Ar y chwith mae tafarn Llwyn Celyn. Tafarn fach, fel tŷ yn hollol ydyw ac mae gyda'r hynaf yn Sir Benfro. Mae'n dafarn hynod gartrefol a chyfeillgar.

Cwm Gwaun

Cerfiwyd Cwm Gwaun yn niwedd Oes yr Iâ rhwng 10,000 ac 20,000 o flynyddoedd yn ôl. Dyma un o'r cymoedd ffurf 'V' pwysicaf ym Mhrydain. Ffurfiwyd y cwm gan ddŵr tawdd gan wthio gwaelod ac ochrau'r cwm o'i flaen a chario pridd, cerrig a chreigiau i'r cefnfor.

Un o nodweddion glannau afon Gwaun yw mai dyma un o'r ychydig lefydd sydd ar ôl yng Nghymru sy'n gynefin i'r dyfrgi.

Yr Hen Galan

Bu'r ardal hon yn nodedig iawn am ei bod wedi parhau i ddathlu'r Hen Galan ar 13 Ionawr bob blwyddyn. Er i'r calendr gael ei ddiwygio yn 1752, cadw i'r hen galendr Rhufeinig a wnaeth trigolion Cwm Gwaun, a chadw 13 Ionawr yn Ddydd Calan.

Cwm Gwaun

Mae'r arfer gan blant o fynd o gwmpas tai'r Cwm i ganu calennig wedi parhau hyd heddiw, a daw teuluoedd yr ardal at ei gilydd i gadw'r ŵyl ar nos Galan yn un o westai'r Cwm. Dyma rai penillion sy'n cael eu canu ar 13 Ionawr:

> Mae dydd Calan wedi gwawrio
> Dydd tra hynod yw i gofio,
> Dydd i roddi, dydd i dderbyn,
> Yw'r trydydd dydd ar ddeg o'r flwyddyn.
>
> Rhowch yn hael i rai gwael,
> Rhowch yn hael i rai gwael,
> Pawb sy'n ffyddlon i roi rhoddion
> Yw'r rhai hynny sydd yn cael.

Mae Cwm Gwaun wedi bod yn enwog am facsu cwrw cartref. Os cewch gynnig peth, yfwch e'n gymedrol! Mae'n well gan rai pobl yfed glasied o'r 'dablen' (y cwrw) wedi ei dwymo.

Wrth sôn am ddiod yng Nghwm Gwaun rhaid crybwyll enw William Evans (1864-1934) a sefydlodd gwmni diodydd pop Corona. Ganwyd William Evans yn Nhre Llwyn Uchaf, Cwm Gwaun, a'i fagu yn Loder-fach, Cas-mael. Er i'r teulu symud i ardal Cas-mael fe gadwodd ei rieni eu haelodaeth yng nghapel Jabes, Cwm Gwaun. Yn ddiweddarach cyfrannodd William yn hael i godi festri i gapel Jabes, a chyfrannodd yn helaeth tuag at gronfa bensiwn ar gyfer gweinidogion.

Llên Gwerin Cwm Gwaun

Mae Cwm Gwaun yn ardal sy'n enwog am ei gwrachod, ac ers talwm credai'r werin fod gan wrachod y gallu i newid eu hunain i ffurf ysgyfarnog. Os digwyddai rhyw anffawd i'r wrach tra ar ffurf anifail, yna byddai'r dolur yn amlwg ar ei chorff wedi iddi newid yn ôl yn wraig. Trigai gŵr bonheddig yn y Bontfaen a gai gwynion parhaus gan un o'i forynion fod hen wrach ar ffurf ysgyfarnog yn ei gwylio bob bore fel yr âi i odro. Cymerodd y meistr ei ddryll a saethu'r ysgyfarnog ond rhywsut llwyddodd yr anifail i ddianc, er cael ei glwyfo. Yn fuan wedyn aeth y forwyn i weld hen wraig o'r enw Maggie a amheuwyd o fod yn wrach. Fe'i cafodd yn gorwedd yn ei gwely yn cwyno fod ei choesau yn brifo.

Hela'r Dryw

Mae'r caneuon sy'n gysylltiedig â'r hen arfer o hela'r dryw yn perthyn, mae'n debyg, i ddosbarth o ganeuon oedd â'u gwreiddiau mewn defodau o'r cyfnod paganaidd, cyn-Gristnogol. Fe dyfodd yr ŵyl allan o'r defodau a gynhelid i ddeffro'r tir ar gyfer tymor arall o ffrwythlonrwydd.

Gosododd yr Eglwys Ŵyl y Geni ar ganol gaeaf er mwyn ceisio disodli'r hen arferion paganaidd, fel defod hela'r dryw. Ystyrid y dryw yn frenin yr adar oherwydd y stori am y gystadleuaeth rhwng yr adar i hedfan uchaf. Fe guddiodd y dryw ym mhlu'r eryr, a phan oedd yr aderyn mawr wedi hedfan lan nes cyrraedd eithafion ei nerth fe hedfanodd y dryw yn uwch eto.

O ystyried caneuon hela'r dryw yn Saesneg ac yn Gymraeg, mae'n amlwg fod olion ynddyn nhw o'r hen ddefod aberthu. Mae Trefor Owen yn nodi fersiwn Saesneg o gân hela'r dryw a gasglwyd ym Marloes, ger Solfach:

> Joy, health, love and peace; we're here in this place;
> By your leave here we sing concerning our King.

Dyma fersiwn Cymraeg o'r gân:

> Dryw bach ydyw'r gŵr, amdano mae stŵr,
> Mae cwest arno ef, nos heno 'mhob lle.

Byddai'r gwŷr ifainc yn dal dryw, yn ei roi mewn bocs wedi ei addurno â rhubanau, ac yn ei gario ar elor i dŷ cariad un ohonyn nhw, neu i rywle lle byddai diod, ac yna byddent yn canu carolau y tu allan.

Llwybrau Natur Cwm Gwaun

Ar hyn o bryd mae yna dri llwybr yn y cwm; cofiwch fod yna riwiau serth i'w dringo ar y llwybrau, felly fe'ch cynghorir i wisgo esgidiau cerdded addas.

Taith 1

O faes parcio Coed Pont-faen mae yna gylchdaith o gwmpas coed Allt Pont-faen yn mynd heibio fferm Dan Coed. Taith fer o tua dwy filltir a hanner yw hon. Cadwch i'r dde wrth Dan Coed ac i fyny Allt Cwm-du am tua chwarter milltir ac yna i'r dde eto. Mae'r llwybr wedi ei farcio. Mae taith o tua milltir yn ôl i faes parcio Coed Pont-faen. Mae'r llwybr yma ar hyd pen erchwyn y cwm drwy goedwig collddail cadarn yn un o'r llwybrau godidocaf yn y sir. Mae'r olygfa o'r cwm a'r coetir yn wefreiddiol.

Mae Taith 2 a Thaith 3 yn dechrau wrth fferm Dan Coed. O ddrws ffrynt tafarn Llwyn Celyn trowch i'r chwith, heibio i gapel Jabes (ar y chwith) ac Ysgol

Llanychllwydog (ar y dde). Llai na chwarter milltir o Ysgol Llanychllwydog mae Dan Coed (ar y dde). Mae llun tarw du ar arwydd Dan Coed. Mae lle i un neu ddau o geir barcio yma.

Taith 2

Croeswch y bont dros y nant a chymerwch y llwybr ar y llaw chwith. Mae'r llwybr yn arwain ymlaen drwy Goed Pen-yr-allt-ddu ac ymlaen i fferm Tregynon. Hanner milltir wedi gadael Dan Coed fe ddewch i fforch ar y llwybr. (Mae adfeilion hen fwthyn yma). Gallwch un ai gymryd y llwybr ar y dde ac i fyny'r rhiw eithaf serth am Dregynon, neu mae llwybr arall yn mynd syth ymlaen yn bellach ar hyd y cwm sydd hefyd yn arwain am Dregynon; mae rhiw eitha serth ar ddiwedd y llwybr yma hefyd. Mae'r ddau lwybr yn cyfarfod wrth hysbysfwrdd sy'n adrodd hanes Tregynon. Mae ffermdy Tregynon yn dyddio o'r unfed ganrif ar bymtheg. Mae'r llwybr yn rhedeg drwy ganol olion hen gaer o Oes yr Haearn (700 CC-750 OC). Wrth adael Tregynon cadwch i'r dde a cherddwch ar hyd y feidr am Ty-gwyn, yno trowch i'r dde am fferm Penralltddu. Tra'n cerdded o Dregynon bydd Mynydd Carn Ingli y tu ôl i chi a Foel Eryr o'ch blaen. Cerddwch drwy fuarth fferm Penralltddu ac ailymuno â'r llwybr yn ôl am Dan Coed. Mae hon yn daith o tua dwy filltir a hanner.

Taith 3

Cerddwch gylchdaith wahanol y tro hwn gan gymryd y llwybr sydd ar y dde ar ôl croesi'r bont. Mae'r llwybr yma'n codi'n raddol i fyny drwy Allt Hendy tua fferm Penralltddu, ond ar ôl hanner milltir (cyn cyrraedd fferm Penralltddu) mae'r llwybr yn fforchio, cymerwch y llwybr troed i'r dde dros y nant. Dilynwch y llwybr ar hyd pen ochr uchaf y cwm a dychwelyd i lawr y bryn drwy Allt Cwm-du i Dan Coed. Mae hon yn daith o tua milltir a hanner.

Eglwys Pont-faen ac Eglwys Llanychllwydog

Ychydig uwchlaw'r cwm y mae eglwys Pont-faen â'i ffenestri lliw prydferth, ac islaw ynghanol y cwm ei hun, mae eglwys Llanychllwydog, sydd wedi ei throi'n gartref erbyn hyn.

Does dim prinder croesau Celtaidd yn y naill fynwent na'r llall. Tybed a fu yna ryw fath o weithdy i grefftwyr y croesau Celtaidd yn yr ardal rywbryd, ac mai dyna sy'n gyfrifol am fod cynifer ohonynt yn y cyffiniau?

O dafarn Llwyn Celyn teithiwch ar hyd y ffordd heibio i gapel Jabes ac aros ger yr ysgol.

Ysgol Llanychllwydog

Mae coeden hardd o deils seramig ar wal yr ysgol rhwng y ddau gyntedd, ac arni olygfeydd sy'n gysylltiedig â'r cwm, fel anifeiliaid y fferm, y ddau gapel a'r eglwysi, yr ysgol, ac yn y blaen. Ceir arni hefyd olygfeydd o hen hanes traddodiadol lleol, fel Sant Brynach a chymeriadau'r Mabinogi, a hyn i gyd wedi cael ei wneud gan blant allan o grochenwaith, sydd yn wledd i'r llygad.

Gerddi Pen-lan Uchaf

O'r ysgol gyrrwch ymlaen drwy'r cwm heibio i safle picnic Sychbant am fferm Pen-lan Uchaf i weld y gerddi. Mae Mr a Mrs Vaughan wedi creu gerddi rhyfeddol yno, ac wedi defnyddio pob modfedd o'r ddwy erw. Mae yno flodau, coed, planhigion a llwyni o bob lliw a llun, ac maent yn werth eu gweld. Rhed nant drwy'r gerddi i yrru olwyn ddŵr fach. Mae nifer o feinciau o gwmpas y gerddi er mwyn i chi eistedd a mwynhau golygfeydd hyfryd o Gwm Gwaun a mynyddoedd y Preseli yn y cefndir. Mae te ar werth yn y ffermdy ac aelodau o'r teulu wrth law i ateb unrhyw gwestiwn am y gerddi.

Taith 22: **Maenorbŷr a Dinbych-y-pysgod**

Taith: **Maenorbŷr, Penalun, Dinbych-y-pysgod, Ynys Bŷr**

Man cychwyn: **Maenorbŷr**
Map OS: **rhif 158 Dinbych-y-pysgod**
Cyfeirnod map: **063 976**

Maenorbŷr

Teithiwch i ddechrau i dde Sir Benfro, i bentref Maenorbŷr. Mae Maenorbŷr mewn safle hynod o braf ar ffordd yr A4139 rhwng Penfro a Dinbych-y-pysgod. Mae'n enghraifft dda o bentref Normanaidd. Ceir yma gastell, eglwys, melin a cholomendy. Agorwyd lein rheilffordd Penfro a Dinbych-y-pysgod yn 1863 ac roedd gorsaf yn arfer bod ym Maenorbŷr, rhyw filltir i'r gogledd o'r pentref. Daeth y rheilffordd yn rhan o *Reilffordd y Great Western* yn 1897 gyda'r teithwyr yn cael eu cario o'r orsaf i'r pentref gan geffyl a chert cyn dyfodiad y cerbyd modur.

Mae traeth a phentref Maenorbŷr ar Lwybr Arfordir Sir Benfro. Un nodwedd ddiddorol sy'n perthyn i'r llwybr yn y fan yma yw cromlech King's Quoit sydd i'w gweld ar ochr ddwyreiniol Bae Maenorbŷr. Ni cheir yr un gromlech arall yn yr ardal – arwydd efallai o bwysigrwydd Maenorbŷr fel canolfan yn y cyfnod Neolithig.

O'r traeth fe welwch gastell Normanaidd Maenorbŷr. Agorir ei ddrysau i'r cyhoedd yn ystod misoedd yr haf ac fe godir tâl mynediad. Wedi ei godi yn y ddeuddegfed a'r drydedd ganrif ar ddeg mae'r castell ardderchog hwn mewn cyflwr arbennig o dda. Mae'r adfeilion yn cynnwys y neuadd Normanaidd a'r simne gron Fflemaidd wreiddiol. Cipiwyd y castell gan fyddinoedd y Seneddwyr yn ystod y Rhyfel Cartref yn 1645 ond ni ddioddefodd fawr ddim o ymyrraeth militaraidd ers hynny.

Castell Maenorbŷr

Gerallt Gymro

Ar y safle hwn, mewn castell cynharach, symlach y ganed Gerallt Gymro yn 1146 – 'Y man mwyaf dymunol yng Nghymru. Gwlad ŷd, pysgod, gwin ac awyr iach,' meddai yn un o'i lyfrau. Yn ogystal â bod yn awdur adnabyddus, yr oedd mab ieuengaf William de Barri ac Angharad hefyd yn eglwyswr pybyr ac yn enwog fel teithiwr. Treuliodd dair blynedd – o 1177 i

Gerallt Gymro

1180 – ym Mharis, bu'n teithio llawer yn Iwerddon ac aeth i Rufain dair gwaith; ond ei daith enwocaf heb os oedd ei daith o gwmpas Cymru yn 1188 gydag Archesgob Caergaint, Baldwin, er mwyn casglu milwyr ar gyfer y Groesgad yn y Dwyrain Canol. Uchelgais fawr Gerallt Gymro, fodd bynnag, oedd bod yn Esgob Tyddewi. Aeth mor bell â mynnu y dylai Tyddewi fod yn archesgobaeth gydag ef ei hunan yn archesgob dros Gymru.

Y Colomendy

Mae'n anodd iawn dod o hyd i'r colomendy ac ni cheir arwyddion yn arwain ato. Cerddwch o'r castell i lawr i faes parcio'r traeth a throi i'r dde wrth y toiledau, dros y bont, heibio'r gwaith dŵr ac yna ewch dros y gamfa. Fe welwch y colomendy ar y chwith i chi. Mae'r adeilad arbennig hwn, sy'n cynnwys 260 o flychau, yn enghraifft wych o adeiladwaith canoloesol. Yn ei ddydd, does dim dwywaith nad oedd y colomendy yn cyfrannu'n helaeth at gynhaliaeth y pentrefwyr.

Y colomendy

Y Felin

Gerllaw'r colomendy fe welwch olion melin. Yn ystod y bedwaredd ganrif ar bymtheg, y nant oedd yn rhedeg o Park Farm, rhwng y castell a'r colomendy, oedd yn gyrru'r felin hon. Roedd melinau gwynt eraill yn yr ardal hefyd. Cyfeirir mewn llawysgrifau at 'Middle Windmill' yn 1618 ac at 'Windmill Hill' yn 1701, er enghraifft.

O bentref Maenorbŷr, gyrrwch am Ddinbych-y-pysgod, trwy bentref Penalun – taith o tua 4 milltir.

Penalun

'Pentir' neu 'gopa bryn' yw ystyr elfen gyntaf yr enw, gyda 'alun' yn cyfeirio at y nant sy'n rhedeg drwy'r pentref. Dywedir mai yma y ganed Teilo Sant yn y chweched ganrif. Cysegrwyd nifer o eglwysi iddo yng Nghymru, Cernyw a Llydaw, ond ei brif ganolfan oedd Llandeilo yn Sir Gaerfyrddin.

Eglwys Penalun

Codwyd yr eglwys yn y drydedd ganrif ar ddeg ar safle caer Geltaidd a'i chysegru i nawddsant y morwyr, Sant Nicholas o Myra. Mae'n werth troi i mewn i'r eglwys i weld y ddwy groes sydd ynddi. Mae cerfiadau cywrain arnynt a chredir bod yr hynaf o'r ddwy yn dyddio o'r nawfed ganrif.

Yn yr eglwys hefyd mae bedyddfaen ag arno batrwm cragen, a bedd o garreg tywodfaen ar yr allor gyda phen gŵr a gwraig arno. Mae'r ysgrifen ar y bedd mewn Ffrangeg ac yn dyddio o'r cyfnod 1260-1290. Adnewyddwyd yr eglwys yn ystod y ganrif ddiwethaf ac ychwanegwyd bwa newydd ar y gangell a ffenestri'n dangos golygfeydd o'r Testament Newydd.

Mae nifer o lwybrau cerdded o gwmpas y pentref, gan gynnwys Llwybr Natur Penalun sydd wedi ei farcio ag arwyddion gwyrdd. Dyma gynefin y bwncath a'r crychydd ac mae tro ar hyd un o'r llwybrau hyn yn cynnig cyfle gwych i fwynhau cyfoeth byd natur yr ardal.

Mae arwyddocâd hanesyddol arbennig i'r ardal hefyd. Credir bod pobl wedi bod yn byw yn ogofâu Hoyle's Mouth dros gyfnod yn ymestyn o Oes y Cerrig hyd at gyfnod y Rhufeiniaid; daethpwyd o hyd i ddarnau arian o'r bedwaredd ganrif yno. Ni chaniateir mynediad i'r ogofâu (i'w cyrraedd rhaid mynd drwy hen borth carreg gyferbyn â phyllau pysgod Penhoyle ac i fyny llwybr serth) – ond gellir gweld arteffactau o'r ogofâu yn yr amgueddfa yn Ninbych-y-pysgod.

Trefloyne

Mae hanes difyr iawn i fferm Trefloyne sydd gerllaw. Roedd yma anheddle cyn cyfnod y Normaniaid yn dwyn yr enw Treflewyn Teilo, ond cysylltiad y fferm â'r Rhyfel Cartref yn yr ail ganrif ar bymtheg sy'n fwyaf arwyddocaol. Yn ystod y cyfnod cythryblus hwn gwelwyd brwydro ar y safle rhwng y Seneddwyr a'r Brenhinwyr. Yn ôl y sôn, yn 1644 symudodd Iarll Carbery, arweinydd y Brenhinwyr, 150 o filwyr traed a 40 o wŷr meirch i Trefloyne. Ymatebodd arweinydd y Seneddwyr lleol, Rowland Laugharne, trwy arwain ymosodiad yn eu herbyn – meddiannwyd y tai allan a thorrwyd drwy'r waliau. Ildiodd y Brenhinwyr eu harfau a'u ceffylau a hawliodd Rowland Laugharne Trefloyne cyn dychwelyd i Benfro.

Yn 1989 gwerthwyd y fferm i gwmni o chwarelwyr F H Gilman o Hwlffordd a datblygwyd cwrs golff deunaw twll ar y tir.

Dinbych-y-pysgod

O Benalun, ewch ymlaen ar hyd ffordd yr A4139 heibio i'r darn o weundir am Ddinbych-y-pysgod. Dyma heb os un o drefi glan-y-môr enwocaf Cymru. Ceir dau draeth, un yn wynebu'r gogledd a'r llall yn wynebu'r de, a chraig y castell rhwng y ddau. Saif adfeilion castell Dinbych-y-pysgod ar fryncyn uwchlaw'r penrhyn. Ceir y cyfeiriad cyntaf ato yn 1153 pan ymosodwyd arno gan Maelgwyn ap Gruffydd. Dinistriwyd ef bron yn llwyr yn 1260 gan Llywelyn ap Gruffudd ond fe'i hailadeiladwyd yn ystod yr 1280au. Yn ystod y Rhyfel Cartref ymosodwyd arno yn ei dro gan fyddinoedd y Brenhinwyr a'r Seneddwyr. Mae'r castell ar agor ar hyd y flwyddyn – ni chodir tâl mynediad.

Cofiwch hefyd daro i mewn i'r amgueddfa sy'n rhan o'r hen gastell. Agorwyd yr amgueddfa am y tro cyntaf yn 1878 a cheir yma nifer o greiriau a henebion o bob rhan o'r sir. Yma hefyd, yn yr oriel luniau, fe welir enghreifftiau o waith dau o arlunwyr pwysicaf y ganrif hon, Augustus a Gwen John. Roedd eu tad yn gyfreithiwr yn y dref a gyrrwyd hwy i ysgol gelf y Slade yn Llundain pan oeddent yn ifanc iawn.

Tŷ'r Masnachwyr Tuduraidd

Tŷ'r Masnachwr Tuduraidd

Mae'n werth i chi ymweld ag amgueddfa'r hen blasty Tuduraidd, Bryn y Cei. Mae'r tŷ ar y chwith, ychydig droedfeddi i mewn o'r ffordd wrth i chi gerdded o Sgwâr Tudur am yr harbwr. Gallwch gerdded o Sgwâr Tudur mewn llai na munud i'r tŷ. Roedd y tŷ yn eiddo i fasnachwr llwyddiannus o ddiwedd y bymthegfed ganrif a llwydda'r dodrefn a'r celfi i ail-greu awyrgylch y cyfnod i'r dim. Gwelir olion murluniau cynnar ar dair wal fewnol. Sylwch hefyd ar y simne gron y tu allan. Codir tâl mynediad i ymweld â'r tŷ.

103

Un o enwogion Dinbych-y-pysgod yw Robert Recorde, ac mae cofeb ohono i'w weld yn Eglwys y Santes Fair yn y dre.

Robert Recorde (1510-1558)

Ganed Robert Recorde yn Ninbych-y-pysgod yn 1510. Gadawodd y dref yn 15 oed am Rydychen. Roedd yn wr amryddawn; yn fathemategydd, yn gyfarwydd â'r iaith Roeg, yn fedrus mewn meddyginiaeth, ac yn hyddysg yn y gyfraith. Robert Recorde oedd un o'r dynion cyntaf yn y wlad i dderbyn syniadau Copernicus, sef mai'r haul oed canolbwynt y bydysawd, ac ef a luniodd yr arwydd '=' ar gyfer cyfanswm, a'r cyntaf i lunio *square root*. Bu farw Robert Recorde yn y carchar yn Llundain.

Ynys Bŷr

Ar draeth y gogledd yn Ninbych-y-pysgod mae harbwr bach ac oddi yno mae modd croesi drosodd i Ynys Bŷr, taith o ryw dair milltir. Ynys fechan yw Ynys Bŷr – tua milltir a hanner o hyd a thri chwarter milltir ar draws. Mae ei phrydferthwch yn denu llawer o ymwelwyr, yn arbennig felly yn ystod misoedd yr haf. Yma mae'r Mynachdy Sistersaidd sy'n gartref i ryw ugain o fynachod. Gorffennwyd adeiladu'r fynachlog yn 1913 ond mae mynachod wedi bod yn byw ar yr ynys ers canrifoedd. Yn y chweched ganrif, cododd yr abad Pŷr (sydd hefyd wedi rhoi ei enw i bentref Maenorbŷr) gell fach ar yr ynys. Ffermio, gwneud persawr a thwristiaeth yw bywoliaeth mynachod Ynys Bŷr heddiw. Mae ganddynt siop ar yr ynys sy'n gwerthu persawr, crochenwaith a mêl.

Taith 23: **Glannau'r Cleddau**

Taith: **Castell Pictwn, Rhos, Castell Cas-wis, Llawhaden, Melin Blackpool, Martletwy, Caeriw**

Man chychwyn: **Y Dderwen Gam ger Castell Pictwn, Rhos**
Map OS: **rhif 158 Dinbych-y-pysgod**
Cyfeirnod map: **010 122**

Dechreuwch o'r dderwen gam, milltir i'r de o Gastell Pictwn, Rhos. Fe welwch faes parcio a glanfa yng nghysgod y dderwen gam ac i'r dde o'r lanfa mae'r llwybr sy'n rhedeg ar hyd glannau afon Cleddau Ddu. Gall y llwybr fod yn wlyb mewn mannau, felly mae gofyn gwisgo esgidiau addas. Dyma un o hoff deithiau yr arlunydd Graham Sutherland a bu'n symbyliad iddo baentio nifer o'i luniau. Arferai oriel yr arlunydd nodedig hwn fod yng nghastell Pictwn. Mae cynlluniau i agor oriel Graham Sutherland yn Nhyddewi.

Y Dderwen gam

Pen draw'r llwybr yw aber y ddwy afon Cleddau, y Wen a'r Ddu. Ceir yma hafan i adar y dŵr megis hwyaid yr eithin, hwyaid gwylltion, elyrch, corhwyaid a phibyddion coesgoch. Yn aml, mae crychyddod i'w gweld yn hedfan o'r nythfa fawr ar lan afon Cleddau ger Castell Pictwn.

Castell Pictwn

O lannau'r Cleddau, dilynwch y ffordd i'r dde am Gastell Pictwn. Saif y castell hardd hwn ynghanol gerddi gwych sydd ar agor i'r cyhoedd ac yn sicr mae'n werth ymweliad. (Codir tâl mynediad.) Adeiladwyd ef gan Syr John Wogan ar ddechrau'r bedwaredd ganrif ar ddeg, ger safle castell mwnt a beili Normanaidd. Cododd ef ar batrwm cestyll a welodd yn Iwerddon. Mae'r castell hwn wedi bod yn gartref i deulu'r Philipiaid am dros bum can mlynedd bellach.

Rhos yw'r pentref agosaf at y castell, rhyw filltir i ffwrdd. Yno, trowch i'r dde ac yn ôl i'r A40 a throi i'r dde eto am Slebech. Ar y dde ar ben rhiw Arnold's Hill fe welwch Eglwys Slebech sydd wedi'i chysegru i Ioan Fedyddiwr. Er mai eglwys cymharol newydd yw hi – fe'i codwyd ar ddelw Abaty Westminster tua 1843 – mae cyflwr yr adeilad wedi dirywio'n arw erbyn hyn ac ni chynhelir gwasanaethau ynddi bellach.

Eglwys Slebech

Castell Cas-wis

Cas-wis (Wiston)

Ewch ymlaen o Eglwys Slebech am filltir ac yna troi i'r chwith am Cas-wis, rhyw dair milltir o daith. Mae Castell Cas-wis i'w weld yng nghanol cae dros y ffordd i eglwys y pentref a cheir arwyddion clir a llwybr i'r castell. Mae'n enghraifft o un o'r nifer o gestyll mwnt a beili a godwyd yn ne-orllewin Cymru gan y Normaniaid. Ffleminiad o'r enw Gwys (ceir yr amrywiadau Wis neu Wizo ar yr enw yn ogystal) fu'n gyfrifol am godi'r castell tomen a beili pridd a choed cyntaf ar y safle ar ddechrau'r ddeuddegfed ganrif, ond yna, ar ddiwedd y ganrif honno, aeth y Normainiaid ati i godi wal gerrig – y gorthwr – yn lle'r ffens bren er mwyn diogelu'r castell.

Saif y castell union hanner ffordd rhwng castell Hwlffordd a chastell Llawhaden. Roedd y cestyll hyn yn ddolen bwysig mewn cadwyn o amddiffynfeydd strategol a godwyd yn ystod y ddeuddegfed ganrif i gryfhau gafael y Normaniaid ar dde Sir Benfro. Fodd bynnag, gorfodwyd hwy i adael y castell tua 1220 oherwydd yr holl ymosodiadau gan y Cymry.

Ymlaen nesaf at Llawhaden a'r castell yno. Er mwyn cyrraedd y pentref trowch yn ôl ar hyd yr un ffordd ag y daethoch i Gaswis ac ar ôl teithio ychydig dros filltir fe ddewch at gyffordd; trowch i'r chwith yno ac ewch yn eich blaen yn syth am ddwy filltir hyd nes y dewch at y pentref.

Llawhaden

Cysegrwyd eglwys y pentref i Sant Aiden, sant o'r Iwerddon, ac ef sydd wedi rhoi enw i'r pentref ei hun. Mae sôn fod Aiden yn ddisgybl i Dewi Sant ond iddo ddychwelyd i Iwerddon i sefydlu ei fynachlog ei hun.

Mae'n werth aros yn gyntaf wrth neuadd y pentref a cherdded y tu cefn iddi i weld yr adfeilion o gapel-ysbyty. Yr Esgob Beck fu'n gyfrifol am godi'r adeilad yn y drydedd ganrif ar ddeg. Rhoddwyd y gorau i'w ddefnyddio fel ysbyty erbyn diwedd y bymthegfed ganrif, a llwyddodd i oroesi teyrnasiad Harri VIII pan welwyd diddymu'r mynachlogydd a chwalu sefydliadau mynachaidd. Daethpwyd i adnabod y capel fel 'Capel Rhydd y Fair Fendigaid'. Yn ddiweddarach, defnyddiwyd yr adeilad fel storfa, ysgubor a stabl.

Adfail Capel Rhydd y Fair Fendigaid

Castell Llawhaden

I gyrraedd y castell rhaid mynd ymlaen yn syth drwy'r pentref. Bernard, Esgob Normanaidd cyntaf Tyddewi fu'n gyfrifol am godi'r castell tomen a beili cynharaf yn Llawhaden. Mae'n debyg mai yn y castell hwn yr arhosodd Gerallt Gymro yn 1175. Cafodd Gerallt ran o'i addysg yma gan ei ewythr, yr Esgob David Fitzgerald. Llosgwyd y castell gwreiddiol yn 1192, ond rhwng 1280 ac 1293 ailgodwyd y castell gan yr Esgob Beck gan ddefnyddio cerrig. Codwyd wal garreg, drwchus a thyrau crwn, uchel yn lle'r amddiffynfa gylch. Am gyfnod, defnyddiwyd y castell fel rhyw fath o lys neu balas yn y wlad i Esgobion Tyddewi, ond

Castell Llawhaden

yn ystod yr unfed ganrif ar bymtheg, symudwyd prif lys yr esgobion i Abergwili ger Caerfyrddin, ac o hynny allan gadawyd y castell i adfeilio. Fodd bynnag, mae'r porth mewn cyflwr da a gellir gweld olion o'r prif adeilad, sy'n cynnwys y Neuadd Fawr, yr ochr arall i'r cwrt; mae'n sicr yn werth ymweliad.

Eglwys Llawhaden

Saif Eglwys Aidan Sant, Llawhaden ar lannau afon Cleddau Ddu. Dilynwch y ffordd i lawr o'r castell i'r eglwys. Mae'r eglwys yn enghraifft dda o bensaernïaeth ganoloesol a'r tŵr hir, sgwâr yn nodweddiadol o dyrau castellog y sir. Ym mur allanol y gangell fe welwch groes Geltaidd –

tystiolaeth bod yma fan addoli ymhell cyn cyfnod y Normaniaid. Un a fu'n ficer yn Llawhaden oedd Rhys Prichard (1579-1644), neu'r Hen Ficer fel y gelwid ef. Roedd yn offeiriad ymroddgar ac yn bregethwr huawdl yn erbyn drygioni ei oes ac yr oedd hefyd yn fardd poblogaidd ymhlith y werin. Yn wir, cymaint oedd y galw am benillion y Ficer Prichard fel i argraffiad cyflawn o'i waith gael ei gyhoeddi yn 1681 yn dwyn y teitl *Cannwyll y Cymry*. Meddai:

> Gelwais hon yn Gannwyll Cymro
> Am im chwennych drudd oleuo
> Pawb o'r Cymry diddysg deillion
> I wasanaethu Duw yn ffyddlon.

Llwybrau Llawhaden

Gosodwyd saethau melyn (llwybr troed) a saethau glas (llwybr ceffyl) ar hyd y llwybrau sydd o gwmpas ardal Llawhaden. Gall fod yn wlyb dan draed mewn mannau ar y llwybrau hyn felly cynghorir cerddwyr i wisgo esgidiau addas.

Mae'r ddwy daith yn dechrau ynghanol y pentref. Yna, o'r castell dilynwch y llwybr heibio i'r eglwys ar lannau afon Cleddau Ddu a thrwy goedwig hynafol Coed Churchill. Ystyrir Coed Churchill yn 'goedwig hynafol' gan y ceir cofnod o goedwig yma oddi ar 1790 o leiaf. Ymlaen wedyn ar hyd y llwybr i Holgan. Os am gerdded y daith fer (2 filltir) yna trowch i'r chwith yn Holgan a dychwelyd i'r pentref drwy'r goedwig ar hyd un o hen lwybrau'r porthmyn.

Os am fentro'r daith hir (5 milltir) dylech gadw i'r dde yn Holgan a dilyn y llwybr drwy Goed Drim (coedwig hynafol arall) i'r Gelli. Yno, uwchlaw'r capel mae olion ffatri wlân oedd yn enwog iawn ar un adeg. Ewch yn eich blaen a dilyn y llwybr dros bont y Gelli, dros y caeau ac ymlwybro ar hyd glannau'r afon Cleddau Ddu. Wedi i chi gerdded drwy'r goedwig dderi yng Nghoed Tal-y-bont fe ddaw'r llwybr â chi yn ôl i'r pentref ger y bont ganoloesol.

Nesaf, ewch ymlaen am filltir a hanner i Bont Canaston. Yn y gyffordd gyntaf trowch i'r chwith i'r A40, a mynd ymlaen am ychydig lathenni cyn troi i'r dde am dref Penfro ar ffordd yr A4075. Os ewch ymlaen am ychydig lathenni eto a throi i'r dde fe ddewch at Felin Blackpool.

Melin Blackpool

Mae'r adeilad presennol yn dyddio'n ôl i 1813 ac fe'i codwyd ar safle hen
efail gan Nathaniel Phillips, perchennog Ystad Slebech; ef hefyd fu'n
gyfrifol am adeiladu'r bont. Yn 1901 rhoddwyd tyrbin i weithio'r felin er
mwyn manteisio ar rym y llanw. Defnyddiwyd y felin ar gyfer malu a storio
gwenith hyd at y pumdegau. Mae'r felin yn agored i'r cyhoedd ac ynddi ceir
cyfle i weld yr hen beirianwaith ynghyd ag arddangosfa; ceir siopau crefftau
a chaffi ardderchog ar y safle yn ogystal.

O Felin Blackpool, ewch yn ôl i ffordd yr A4075 a throi i'r dde. Ymhen dwy filltir
fe ddewch i barc antur Oakwood. Yna yng nghroesffordd Crosshands trowch i'r
dde am bentref Martletwy.

Martletwy

Roedd yr enw Martletwy yn bodoli yn ôl yn yr Oesoedd Canol, ond does neb yn
sir iawn o ystyr a tharddiad y gair. Ar gyrion y pentref, sy'n gorwedd o fewn maes
glo Sir Benfro, mae gwinllan Cwm Deri. Dilynwch yr arwyddion brown a llun
grawnwin arnynt er mwyn cyrraedd y winllan. Gwinllan fach yw hi – plannwyd
pedair erw o blanhigion grawnwin yma yn 1990/91. Gallwch gerdded o gwmpas y
winllan a blasu'r gwin cyn ei brynu.

Dwy filltir o Martletwy mae pentref Landshipping. Mae'n werth taro i mewn i
dafarn y Stanley Arms am fwyd a diod o safon uchel. Teulu Stanley fu'n
berchnogion ar Ystad Landshipping am gyfnod ar ôl 1857. Er mwyn cyrraedd
Lawrenni fodd bynnag, dylech fynd yn ôl i Martletwy a throi i'r dde heibio
Gwinllan Cwm Deri a dilyn yr arwyddion i'r pentref.

Lawrenni

Mae tystiolaeth bod ffurf ar yr enw yn cael ei ddefnyddio mor bell yn ôl â 1200 –
sef Laurenni. Cyfeiria elfen gyntaf y gair (llawr) at y tir isel ar lan afon Cresswell.
Canolbwynt y pentref yw'r eglwys sydd wedi'i chysegru i'r sant Celtaidd, Caradog,
ac mae'n dyddio'n ôl i'r ddeuddegfed ganrif. Os byddwch yn ymweld â'r eglwys,
sylwch ar y tapestri ar yr allor sy'n dweud hanes Sant Caradog a hefyd ar y

ffynnon yn un o'r muriau. Nodwedd anghyffredin arall yw'r placiau er cof am ferched o'r enw Elizabeth Jones ac Elizabeth Griffiths sy'n dangos penglog ac esgyrn croes.

Sefydlwyd canolfan awyr forwrol yng Nghei Lawrenni yn ystod yr Ail Ryfel Byd. Datblygodd y ganolfan i fod yn gartref parhaol i'r Sgwadron 764 a'r llu o awyrennau môr, sef y *Walrus*. Ar un adeg roedd 15 o awyrennau môr wedi angori ar yr afon rhwng Lawrenni a Choedcanlas.

Mae'r cei yn Lawrenni dros chwe chan llath o hyd ac fe'i defnyddiwyd ers lawer dydd i allforio glo carreg o'r ardal. Erbyn hyn mae Cei Lawrenni yn ganolfan hwylio hynod o brysur – mae'n anodd iawn cael lle i barcio yma yn ystod misoedd yr haf.

Dilynwch y llwybr o Goedcanlas i Gei Cresswell drwy Goed Lawrenni. Yr Ymddiriedolaeth Genedlaethol sy'n gyfrifol am y coetir hynafol yma sy'n cynnwys coed derw a chriafol yn bennaf. Gallwch fynd ymlaen i gerdded y tair milltir ar hyd llwybr y Landsker o Lawrenni i Gei Cresswell neu yrru ar hyd y ffordd. Mae nifer o lwybrau troed yn yr ardal – rhyw 50 milltir ohonynt i gyd.

Roedd Cei Cresswell ar ei brysuraf yn ystod y ddeunawfed ganrif pan allforiwyd blawd, calch ac yn ddiweddarach, glo. Ceid yma dri chei a iard lo dros erw o faint ar un adeg. Heddiw fe welir tŷ tafarn llewyrchus yma – y Cresseley Arms . Mae dwy ffordd o Gei Cresswell am bentref Creseli – y naill o ochr y dafarn a'r llall o'r bont. Tua milltir o daith yw hi o Gei Cresswell i groesffordd Creseli. Trowch i'r dde yng Nghreseli a gyrru tua dwy filltir i bentref Caeriw.

Caeriw

Codwyd y castell gwreiddiol ar y safle hwn ym mlynyddoedd cynnar y ddeuddegfed ganrif gan Gerallt o Windsor fel cartref iddo ef a'i wraig, Nest ferch Rhys ap Tewder. Ger y fynedfa i'r castell fe welwch groes Geltaidd rhyw bedair troedfedd ar ddeg o ran uchder; dyma'n sicr y fwyaf o'i bath yng Nghymru. Arni ceir ysgrifen mewn Lladin – '*Margiteut Rex Etg(uin) Filius*' – hynny yw 'Croes Maredudd fab Edwin', sef un o ddisgynyddion Hywel Dda.

Pen y daith yw Melin Caeriw sy'n amgueddfa bellach. Ei hynodrwydd yw mai hi yw un o'r tair melin sydd ar ôl yng Nghymru a Lloegr arferai ddefnyddio grym

llanw a thrai'r môr i falu.
Adnewyddwyd yr adeilad
pedwar llawr yn ddiweddar
ac mae'n cynnwys bron y
cyfan o'r peirianwaith
gwreiddiol; dangosir sioe
sleidiau sy'n esbonio crefft y
melinydd yn ogystal. Mae'r
felin ar agor o'r Pasg tan
ddiwedd Hydref; codir tâl
mynediad.

Croes Geltaidd Caeriw

Taith 24: **O Benfro i Landyfai**

Taith: **Penfro, Angle, Freshwater West, Castell Martin, Pont-y-creigiau, Elegug Stacks, Bosherston, Capel Sant Gofan, Traeth Barafundle, Llandyfai**

Man cychwyn: **Castell Penfro**
Map OS: **rhif 158 Dinbych-y-pysgod / rhif 157 Tyddewi a Hwlffordd**
Cyfeirnod map: **981 016**

Castell Penfro

Mae tri maes parcio yn nhref Penfro sydd o fewn pellter cerdded cyfleus i'r castell. Y castell cyntaf i gael ei godi yn y dref oedd castell syml mwnt a beili, a hynny gan Arnulf a Roger de Montgomery tua 1093. Ailadeiladwyd y castell gan Gilbert de Clare, Iarll cyntaf Penfro, yn 1110 a gwnaed newidiadau pellach iddo rhwng 1190 ac 1245 gan William Marshall a'i feibion.

Un o brif nodweddion y castell yw'r gorthwr godidog sy'n dyddio'n ôl i tua 1200. Sylwch mor drwchus yw'r muriau – rhyw chwe metr o drwch ar y gwaelod. Mae'r gorthwr hwn yn 31 metr o uchder a cheir pedwar llawr iddo; hon yw'r enghraifft orau o orthwr yn Ewrop.

Gorthwr Castell Penfro

Angle

I gyrraedd pentref Angle rhaid dilyn y ffordd un ffordd trwy dref Penfro ac ymuno â ffordd y B4320 ac anelu am y pentir. Wrth yrru i lawr y rhiw am bentref Angle fe sylwch ar y caeau hir ar ochr y penrhyn – enghraifft brin o system ffermio stribedog y Normaniaid. Pentref hir, un heol yw Angle. Ceir tystiolaeth mewn amgueddfeydd lleol (Dinbych-y-pysgod a Hwlffordd) fod pobl wedi bod yn byw yma wyth mil o flynyddoedd yn ôl; darganfuwyd sawl enghraifft o gallestr ar y penrhyn dros y blynyddoedd sy'n dystiolaeth o bresenoldeb gweithdai crefftwyr callestr yn yr ardal.

Mae'r colomendy carreg o'r Canol Oesoedd yn sicr yn werth ymweliad. Saif i'r dde o 'Dŷ'r Tŵr' (a elwir weithiau yn 'Hen Reithordy' neu 'Y Castell'), y tu ôl i'r tai. Y tu mewn iddo mae 14 rhes a 30 o nythod ym mhob rhes. Dilynwch y lôn fach gul o 'Dŷ'r Tŵr' i gyrraedd tafarn y Point – taith o tua chwarter milltir. Yn ôl y sôn arferid cynnau tân 'cwlwm' yn y dafarn hon ers lawer dydd. Tanwydd arbennig wedi'i wneud o gymysgedd o lwch glo caled, clai a gwymon oedd hwn; câi ei siapio'n beli ac o'i drin yn iawn mae'n debyg y gellid cadw'r 'cwlwm' ynghyn nos a dydd. Ceir plac yn tystio i hyn yn y dafarn.

Mae modd cerdded o faes parcio'r dafarn ar hyd rhan o Lwybr Arfordir Sir Benfro am Orsaf y Bad Achub. Yn 1868 dewisodd yr RNLI benrhyn Angle fel safle i Fad Achub Aberdaugleddau. Bad 33 troedfedd, deg rhwyf o'r enw *Katherine* oedd y bad cyntaf yma, ond un dipyn yn wahanol yw'r *Lady-Rank*, y bad presennol, sy'n gallu cyrraedd cyflymdra o 18 not.

Gallwch ddewis cerdded ymhellach ar hyd y llwybr i Fae Capel – safle Capel y Santes Fair cyn i'w adfeilion gael ei ddinistrio pan adeiladwyd y gaer amddiffynnol tua 1860 – ac yna ymlaen i draeth Angle (tua dwy filltir), neu droi yn ôl am y dafarn ac ymlaen i bentref Angle

Capel y Pysgotwyr

Simnau gwaith brics Angle

ei hun. Yno fe welwch Eglwys y Santes Fair a godwyd yn 1853. Mae meini coffa o'r ail ganrif ar bymtheg a'r ddeunawfed ganrif ar furiau'r eglwys a cheir chwe ffenestr liw hyfryd ynddi. Y tu ôl i'r eglwys, yng nghornel y fynwent, mae adfeilion o Gapel y Pysgotwyr, neu Gapel y Morwyr fel y gelwir ef yn lleol.

Os ewch yn eich blaen ar hyd y ffordd gul fe ddewch at faes parcio ger y traeth, ac i'r chwith o'r maes parcio hwnnw fe welwch simnai gwaith brics Angle;

bu'n cynhyrchu brics oddi ar 1877. Ychydig i'r dde o'r traeth mae olion odyn galch – tystiolaeth o ddiwydiant arall yn yr ardal. O edrych ar draeth Angle prin fyddai rhywun yn credu heddiw mai hwn oedd un o'r traethau i ddioddef waethaf o ganlyniad i drychineb y *Sea Empress* ym mis Chwefror 1996.

Trowch yn ôl am y pentref gan droi i'r dde wrth y gyffordd gyntaf ar gyrion y pentref a dilyn y ffordd i fyny'r rhiw cul a throellog sy'n arwain at dref Penfro a Freshwater West. Tua milltir o'r gyffordd fe welwch fferm 'Hubberton', yna ewch yn eich blaen am filltir dda arall a throi i'r dde cyn cyrraedd dolmen Coeten y Diafol ar ffordd y B4319 am Freshwater West a Chastellmartin. 'Bwrdd o garreg' yw ystyr 'dolmen'; mae iddo benfaen llydan, gwastad, yn wahanol i gromlech.

Freshwater West

Mae'r ffordd yn gul iawn yn Freshwater West a byddwch yn gyrru drwy dwyni tywod. Ceir yma ddwy filltir o draeth gyda Môr Iwerydd yn torri'n wyllt arno – i'r dim i'r syrffwyr sy'n marchogaeth y tonnau enfawr. Ers lawer dydd arferai pobl y glannau yn ardal Freshwater West gasglu gwymon glas o'r creigiau a'r traeth ar gyfer gwneud bara lawr. Byddent yn ei sychu yn gyntaf mewn cabanau to gwellt ac yna yn ei gymysgu gyda blawd ceirch.

Castellmartin

Yr adeilad cyntaf ar y chwith wrth yrru i Gastellmartin yw tŷ tafarn y Welcome Inn. Ychydig lathenni o'r dafarn trowch i'r chwith a dilynwch y lôn fach am tua chwarter millitir i gyrraedd Eglwys Sant Michael a'r Holl Angylion. Sylwch ar y bylchau amddiffynnol ar furiau uchaf tŵr yr eglwys. Yn ôl i'r ffordd fawr a throi i'r chwith ac o'ch blaen fe welwch ffald gerrig crwn a ddefnyddir fel cylchfan traffig erbyn heddiw. Defnyddid y ffald yn y ddeunawfed ganrif i gorlannu anifeiliaid oedd yn crwydro.

Gyrrwch o amgylch y ffald ac ar hyd ffordd B4319 am filltir a hanner; yna trowch i'r dde wrth y groesffordd a dilyn y ffordd drwy faes ymarfer tanciau Castellmartin am Bont-y-creigiau ac Elegug Stacks. (Bydd y ffordd ar gau pan fydd y fyddin yn ymarfer saethu.) Hanner ffordd rhwng y groesffordd a maes parcio Pont-y-creigiau ac Elegug Stacks (ar y dde) fe welwch adfeilion Flimston a fomiwyd gan y tanciau rhyfel.

Pont-y-creigiau

Gadewch eich car yn y maes parcio a cherddwch ar hyd y llwybr i weld Pont-y-creigiau, gan gadw ar y dde. Dyma enghraifft drawiadol o fwa calchfaen naturiol a naddwyd gan erwinder y môr dros y canrifoedd. Dilynwch y llwybr i'r chwith o Bont-y-creigiau i weld Elegug Stacks, sef y ddwy golofn uchel o graig calch. Cyfeiria 'Elegug' at enw'r aderyn eligog (neu gwylog), sef y *guillemot* yn Saesneg, ac yn wir, yn ystod misoedd y gwanwyn a'r haf cynnar gallwch weld miloedd o'r adar yma yn nythu ar ben y creigiau gyda'r llurs ychydig yn is i lawr a gwylanod coes-ddu yn is i lawr eto.

Mae modd cerdded ar hyd Llwybr Arfordir Sir Benfro o Elegug Stacks draw am Gapel Sant Gofan heibio i Llam yr Heliwr, sef hollt hynod frawychus yn y clogwyn, sydd rhyw 3.1 milltir i ffwrdd; neu draw am draeth hyfryd Broad Haven, rhyw 4.3 milltir i ffwrdd; neu faes parcio Cei Stackpole, gan gerdded drwy draeth Barafundle, cyfanswm o rhyw 7.3 milltir. Ymhellach i ffwrdd eto mae traeth Freshwater East (10.2 milltir), traeth Maenorbŷr (13.6 milltir) a Dinbych-y-pysgod (21.8 milltir).

Pont-y-creigiau

O faes parcio Pont-y-creigiau ewch yn ôl i'r groesffordd ac yn syth o'ch blaen fe welwch dŵr uchel Eglwys Santes Fair, Warren. Yn wir mae yna bum eglwys o fewn chwe milltir i'w gilydd yn yr ardal hon: o'r gorllewin i'r dwyrain – Eglwys Sant Michael a'r Holl Angylion, (Castellmartin) Eglwys Santes Fair (Warren), Eglwys Sant Twynnell, Eglwys Sant Petrox ac Eglwys Cheriton (neu Eglwys Stackpole Elidor). Ym mhentref Warren beth am daro i mewn i'r hen ysgol sydd bellach yn oriel luniau i Arthur a Bim Giardelli, *The Golden Plover*.

Trowch i'r chwith am Merrion yn y groesffordd yn Warren. Mae'r filltir a hanner oddi yno am Sampson Cross yn syth iawn. Dylech wedyn droi i'r dde yn Sampson Cross am bentref Bosherston gan gymryd gofal wrth yrru gan fod y ffordd yn gul a throellog iawn mewn mannau.

Bosherston

Parciwch eich car ger Eglwys Bosherston os am ddilyn y llwybr i weld y llynnoedd godidog gerllaw. Maent yn ymestyn drwy'r cwm am ddwy filltir a mwy ac yn yr haf gorchuddir wyneb y dŵr gan lili'r dŵr sy'n edrych yn hynod o drawiadol. Crewyd y llynnoedd gan deulu'r Cawdor, perchnogion Ystad Ystangbwll (Stackpole) yn y ddeunawfed ganrif. Mae'n bosib pysgota cwrs oddi ar y llynnoedd hyn yn ystod y tymor pysgota (Mehefin16-Mawrth 14) gyda thocyn diwrnod neu docyn tymor sy'n cael eu gwerthu yng nghaffi'r Olde World yn Bosherston.

Yn 1976 rhoddwyd dwy fil o erwau Ystad Cawdor i ofal yr Ymddiriedolaeth Genedlaethol, yn cynnwys llynnoedd lili Bosherston a thraethau Broad Haven, Barafundle a Freshwater West. Trowyd yr hen blasty yn ganolfan weithgareddau gwych – Canolfan Ystangbwll – sydd â chyfleusterau arbennig ar gyfer yr anabl. I gyrraedd y ganolfan mae'n rhaid troi yn ôl yn Bosherston am Sampson Cross a throi i'r dde – y troad cyntaf – wrth y groesffordd; yna gyrrwch heibio i hen ardd gaeëdig y plasty a maes criced Ystangbwll ar y chwith.

Ym mhentref Bosherston, edrychwch am dafarn Sant Gofan ychydig lathenni o gaffi'r Olde World. Ychydig ymhellach draw mae'r ffordd yn fforchio a milltir i'r chwith mae traeth euraid Broad Haven gyda chapel Sant Gofan dwy filltir i'r dde.

Capel Sant Gofan

Does neb yn siŵr iawn paham y codwyd y capel hwn mewn cilfach mor anghysbell ar arfordir deheuol Sir Benfro. I'w gyrraedd, rhaid cerdded i lawr nifer o risiau wedi eu naddu allan o'r graig. Ugain troedfedd wrth ddeuddeg yw maint y capel. Carreg yw'r allor y tu mewn iddo, fel yn wir y meinciau. Dywedir bod Sant Gofan wedi ei gladdu o dan yr allor ac iddo ddefnyddio'r hollt yng nghornel chwith y capel fel cuddfan rhag ei erlidwyr. Mae peth ansicrwydd ynglŷn â phwy yn union oedd Gofan. Yn ôl rhai, Sant o Iwerddon ydoedd, yn ôl eraill, un o farchogion Arthur, ac mae un ffynhonnell yn mynnu mai Cofen, gwraig un o dywysogion Cymru o'r chweched ganrif ydoedd. Hanes arall yw mai lleidr ar ffo ydoedd cyn iddo gael ei dröedigaeth ac iddo gael lloches yma; yn ôl y sôn, cododd y capel fel arwydd o'i edifeirwch a threulio gweddill ei oes fel meudwy yn gweddïo ac ymprydio.

Capel Sant Gofan

Tua thri chwarter milltir i'r gorllewin o gapel Sant Gofan, yn ôl am Elegug Stacks a Phont-y-creigiau, mae Llam yr Heliwr sef hollt yn y graig gyda'r môr rhyw 130 troedfedd oddi tano. Yn ôl traddodiad, dywedir i heliwr oedd ar ôl llwynog neidio dros yr hafn ar ei geffyl ond iddo farw o syndod a braw wrth edrych yn ei ôl a sylweddoli maint ei orchest.

Traeth Barafundle

I gyrraedd y llecyn diarffordd hwn rhaid dilyn y ffordd yn ôl o Gapel Gofan am Boshertson ac yna ymlaen i groesffordd Sampson Cross. Dilynwch yr ail droad i'r dde am Benfro ac Ystangbwll ar ffordd B4319. Mae'r filltir nesaf yn daith hyfryd drwy goedwig Castle Dock, Ystad Ystangbwll. Chwarter milltir o'r troad sylwch ar y bont un bwa ar y dde, sy'n rhan o rwydwaith llynnoedd lili Bosherston. Ewch yn eich blaen am tua chwarter milltir arall ac ar y chwith ynghanol y goedwig mae maes parcio a byrddau yn hysbysebu'r teithiau cerdded drwy lwybrau coed Castle Dock. Hanner milltir o'r goedwig mae pentref Ystangbwll ac oddi yno teithiwch am filltir ymlaen am Freshwater East cyn troi i'r dde am Gei Ystangbwll. O faes

Llys yr Esgob

parcio Cei Ystangbwll gallwch gerdded a dilyn y llwybr (sy'n rhan o Lwybr Arfordir Sir Benfro) i'r gorllewin am tua hanner milltir i draeth prydferth Barafundle.

Llandyfai

O faes parcio Cei Ystangbwll ewch yn ôl i'r groesffordd a throi i'r dde am East Trewent, Freshwater East a Llandyfai. Ym mhentref Llandyfai croeswch yn syth ymlaen wrth y groesffordd, dros y bont a throi i'r dde wrth yr eglwys. Mae'r tro yma yn un cas, felly byddwch yn ofalus; yna ewch yn eich blaen rhyw ychydig ac fe welwch droad i'r chwith. I fyny'r lôn fach yma mae Llys yr Esgob. Codwyd y llys tua 1096, ac roedd unwaith yn gartref i Esgobion Tyddewi. Mae muriau bwaog y neuaddau'n debyg iawn i furiau'r Llys yn Nhyddewi; yr Esgob Gomer fu'n gyfrifol am y prif waith yma (1328-47) fel yn Nhyddewi. Saif yr adeiladau o fewn mur caeëdig amddiffynnol. Ildiodd yr Eglwys yr ystadau hyn i'r Goron yn ystod cyfnod y Diwygiad Protestannaidd.

Mae'r lôn fach o Lys yr Esgob yn arwain at westy moethus The Court Hotel, a cheir gwesty ardderchog o'r enw Lamphey Hall a thafarn o'r enw y Dial ym mhentref Llandyfai ei hun.

Pob dymuniad da i'r darllenwyr a holl bererinion
llwybre lledrithiol, hudolus Sir Benfro.

Os ydych chi'n hoff o deithio, byddwch yn siŵr o fwynhau...

Byd y Cymro, Penri Jones (gol.)

Deunaw o deithiau i bedwar ban byd mewn cwmni difyr a Chymreig: awgrymiadau manwl ar gyfer gwyliau yn America, dinasoedd Ewrop ac ynysoedd Groeg.

086243 452 1
£7.95

... a hefyd:

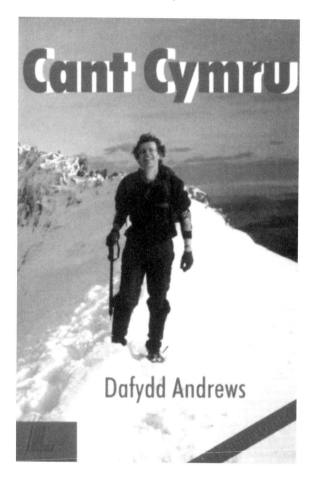

Cant Cymru gan Dafydd Andrews

Teithiau Cerdded i gant o fynyddoedd uchaf Cymru, gyda mapiau, lluniau a chyfarwyddiadau manwl. Ydych chi'n barod am yr her?

086243 451 3
£5.95

Rydym yn cyhoeddi nifer fawr o lyfrau difyr am bob math o bynciau. Ceir rhestr gyflawn yn ein catalog lliw, newydd sbon – ar gael yn rhad ac am ddim! Neu gallwch hwylio i mewn i'n safle we ar **www.ylolfa.com**

Talybont Ceredigion Cymru/*Wales* SY24 5AP
ffôn 0044 (0)1970 832 304 *ffacs* 832 782 *isdn* 832 813
e-bost ylolfa@ylolfa.com *y we* www.ylolfa.com